누구나 시작하지만, 모두가 살아남지는 않는다.
당신은 살아남을까?

크리에이터 비즈니스 바이블

CREATOR
BUSINESS BIBLE

누구나 시작하지만,
모두가 살아남지는 않는다.
당신은 살아남을까?

크리에이터 비즈니스 바이블

권병민 지음

 프롤로그

누구나 시작하지만, 모두가 살아남지는 않는다

누구나 콘텐츠를 만들 수 있는 시대다. 스마트폰 하나면 영상을 찍고, 편집하고, 전 세계에 공개할 수 있다. 몇 개의 콘텐츠로 수만 명의 팔로워를 얻고, 브랜드와 협업하거나 수익을 올리는 일도 더 이상 낯설지 않다. 하지만 그렇게 '시작한' 사람 중에서, 이 일을 직업으로 삼고, 수년 이상 지속하며, 자신만의 콘텐츠 세계를 유지해가는 사람은 극히 소수에 불과하다.

크리에이터 비즈니스는 생각보다 쉽게 열리지만, 그만큼 빠르게 닫히는 산업이다. 플랫폼의 규칙은 끊임없이 바뀌고, 유행은 너무 자주 교체되며, 콘텐츠는 더 빠르고 더 자극적으로 소비된다. 단순한 콘텐츠 제작을 넘어 수익 구조 설계, 팬과의 관계 유지, 브랜드 협업, 법률과 정책 대응, 그리고 위기 상황에서의 커뮤니케이션까지 모두를 감당해야 하는 환경에서 크리에이터는 더 이상 '1인 창작자'가 아니라, '혼자 모든 것을 책임지는 1인 기업'이 되었다.

이 책은 바로 그 지점에서 출발한다. 〈크리에이터 비즈니스 바이블〉은 크리에이터라는 직업이 실제로 작동하는 방식, 수익이 만들어지는 구조, 플랫폼과 브랜드, MCN과 협업이 이루어지는 방식, 그리고 그 안에서 살아남고 성장하기 위한 전략을 체계적으로 정리한 비즈니스 전략서이자 실무 가이드다.

책은 크게 두 독자를 상정하고 있다. 하나는 크리에이터 산업을 준비하거나 시작한 학생들이다. 이들에게는 이론적 이해와 실무 감각을 함께 갖출 수 있도록 각 장마다 요약 정리, 토론 문제, 과제 예시, 체크리스트를 구성했다. 또 다른 독자는 지금 콘텐츠 산업에 몸담은 실무자들이다. 유튜버, 브랜드 마케터, MCN 관계자, 콘텐츠 스타트업 종사자 모두가 이 책에서 전략적 판단을 위한 프레임과 현실적인 해법을 얻어가기를 기대한다.

우리는 이제 더 이상 크리에이터를 단순한 개인 콘텐츠 생산자로 볼 수 없다. 크리에이터는 새로운 비즈니스 주체이자 브랜드 파트너이며, 미디어 생태계를 설계하는 동력이다.

 차례

프롤로그   누구나 시작하지만, 모두가 살아남지는 않는다   004

I. / 왜 지금, 크리에이터인가

1. 뉴미디어 시대, 크리에이터는 어떻게 등장했는가   010
2. 크리에이터는 어떻게 '직업'이 되었나   020

II. / 크리에이터 비즈니스의 작동 원리

3. 플랫폼과 생태계는 어떻게 크리에이터를 움직이는가   038
4. MCN, 왜 필요하고 어떻게 선택할 것인가   054

III. / 크리에이터의 수익 모델, 어디서 어떻게 벌까

5. 광고 없이도 수익을 만드는 기본 구조   072
6. 광고 협찬과 브랜디드 콘텐츠의 전략   080
7. 굿즈와 브랜드로 확장하는 방법   088
8. 오프라인 이벤트는 왜 여전히 중요한가   101
9. 라이브 커머스, 크리에이터가 직접 파는 시대   112

IV. / 브랜드는 어떤 크리에이터를 원하는가

10. 브랜드는 왜 크리에이터와 일하려 하는가   128
11. 성공하는 마케팅 캠페인의 설계 원칙   137
12. 크리에이터 마케팅, 무엇을 어떻게 측정할 것인가   148

V. / 크리에이터가 꼭 알아야 할 법과 윤리

13. 광고 표기, 어디까지 지켜야 할까   160
14. 저작권, 이것만은 반드시 알자   170

VI. / 계약은 어떻게 리스크를 줄이는가

15. 사인하기 전 알아야 할 것들   186
16. MCN·브랜드·플랫폼 계약, 문제는 어디서 생기는가   197

VII. / 오래가는 크리에이터의 전략과 마인드셋

17. 크리에이터 전략, 무엇이 다르고 왜 통하는가   216
18. 커리어 전환, 언젠가 맞닥뜨릴 다음 단계   232
19. 크리에이터에게 필요한 비즈니스 마인드셋   245

에필로그   당신은 지금, 무엇을 만들고 있는가   254

I.

왜 지금,
크리에이터인가

1.

뉴미디어 시대,
크리에이터는
어떻게 등장했는가

전통 미디어에서 뉴미디어로의 전환

불과 10여 년 전까지만 해도 미디어 환경의 중심은 TV와 신문이었다. 저녁 뉴스 시간에는 가족이 거실에 모여 뉴스를 시청했고, 출퇴근 시간 지하철에서는 대부분 신문을 펼치고 있었다. 당시 사람들의 정보 습득은 방송사와 신문사 같은 거대 미디어 조직이 제공하는 콘텐츠에 의존했고, 미디어 이용자는 정해진 시간과 장소에 맞춰 수동적으로 콘텐츠를 소비할 수밖에 없었다.

그러나 2010년대 초반부터 스마트폰의 급속한 보급과 무선 인터넷의 대중화로 미디어 환경은 근본적인 변화를 맞았다. 소비자들은 더 이상 편성표대로 움직이지 않고, 자신이 원하는 시간에 원하는 콘텐츠를 능동적으로 소비하기 시작했다. 특히 유튜브, 틱톡, 넷플릭스 같은 뉴미디어 플랫폼은 소비자가 원하는 콘텐츠를 자유롭게 선택할 수 있는 환경을 제공하면서 빠르게 영향력을 키웠다.

국내에서도 이러한 변화가 뚜렷하게 나타났다. 나스미디어의 '2024 인터넷 이용자 조사 NPR'에 따르면, 2024년 기준 10~20대의 TV 시청 시간은 하루 평균 1시간 이하로 줄었지만, 유튜브와 넷플릭스 등 모바일 영상 플랫폼 이용 시간은 하루 평균 3시간을 넘었다. 이는 기존 TV 방송 중심의 미디어 이용 습관이 완전히 디지털 중심으로 이동했음을 보여준다.

뉴미디어의 급부상은 광고 시장의 변화와도 연결된다. 디지털 광고는 TV나 신문 광고와 달리, 광고 효과를 실시간으로 정밀하게 측정할 수 있고, 정확한 특정 타깃을 대상으로 효율적인 메시지 전달이 가능하다. 2024년 국내 디지털 광고 시장 규모는 약 10조 원을 기록하며, 2020년 처음으로 전체 광고 시장의 절반 이상을 차지한 이래 줄곧 비중이 커지고 있다. 기업들은 전통 미디어 대신 유튜브나 인스타그램, 틱톡의 인플루언서를 통해 소비자들에게 효과적으로 접근할 수 있게 되었고, 크리에이터의 위상은 더욱 높아졌다.

뉴미디어는 콘텐츠의 소비 방식뿐만 아니라 제작의 주체까지 바꾸었다. 누구나 손쉽게 콘텐츠를 제작해 배포할 수 있는 환경이 만들어지면서 개인 중심의 크리에이터 산업이 급격히 성장했다. 유튜브의 등장(2005년), 스마트폰의 보급 확대(2010년대 초반), 그리고 2020년 팬데믹 시기 비대면 콘텐츠 소비 증가가 크리에이터 산업 성장의 결정적 계기였다.

특히 팬데믹 이후 유튜브와 틱톡의 이용 시간이 폭발적으로 늘면서 크리에이터의 영향력은 방송 연예인을 넘어섰고, 초등학생들의 희망 직업 1위로 크리에이터가 꼽힐 만큼 사회적 인식도 완전히 달라졌다. 과거 미디어 산업을 지배했던 전통적인 스타 시스템과 방송사의 영향력은 점차 축소되었고, 크리에이터라는 새로운 미디어 주체가 부상하며 시장을 재편하고 있다.

크리에이터가 콘텐츠 생산의 중심이 되기까지

초기 크리에이터는 단순히 자신의 일상을 기록하거나 개인의 취미를 공유하는 소규모 콘텐츠 제작자에 불과했다. 이들이 미디어 산업의 중심으로 성장할 수 있었던 가장 중요한 계기는 유튜브의 등장이었다. 유튜브는 누구나 콘텐츠를 손쉽게 제작하고 업로드해

전 세계 이용자들과 직접 소통할 수 있는 환경을 제공했다. 이로써 개인이 방송국이나 전문 제작사의 도움 없이도 독자적으로 팬층을 확보하고 영향력을 키울 수 있게 되었다.

스마트폰의 보급 확대 역시 크리에이터 중심의 미디어 환경을 만드는 데 결정적 역할을 했다. 스마트폰은 언제 어디서나 콘텐츠를 손쉽게 제작하고 소비할 수 있는 강력한 도구였다. 값비싼 카메라나 편집 장비 없이도 누구나 양질의 콘텐츠를 제작할 수 있었다. 모바일 환경은 미디어 제작과 소비의 문턱을 낮췄고, 이로 인해 더욱 다양한 콘텐츠가 등장하며 미디어 산업은 빠르게 개인 중심으로 이동했다.

이러한 변화는 2020년 코로나19 팬데믹 기간 동안 외출이 제한되면서 디지털 콘텐츠 소비를 급격히 늘렸다. 이때부터 크리에이터 콘텐츠는 방송사나 연예인의 콘텐츠와 동등하거나 더 큰 영향력을 발휘하기 시작했다. 크리에이터는 단순한 영상 제작자가 아닌, 사회적 영향력과 팬덤을 형성하는 미디어의 새로운 중심축으로 자리 잡았다.

기업과 광고주는 더 이상 막대한 비용을 들여 TV나 신문 광고에만 의존하지 않았다. 타깃 소비자에게 효과적으로 메시지를 전달할 수 있는 크리에이터와의 협업을 적극적으로 추진했다. 이는 광고비 대비 높은 효율성 및 소비자와의 친밀한 소통 덕분이다.

실제로 최근 몇 년간 다양한 크리에이터들이 전통 연예인 못지않은 인기를 얻으며 미디어의 중심에 섰다. 초등학생들이 가장 선호하는 직업 1위에 크리에이터가 꼽힐 정도로 사회적 영향력도 커졌다. 이제는 방송사 프로그램에서도 인기 크리에이터를 출연시키는 사례가 늘었고, 광고 시장에서도 크리에이터가 연예인을 능가하는 영향력을 행사하고 있다.

크리에이터 중심의 미디어 환경이 확고히 자리 잡으면서 미디어 산업의 구조가 근본적으로 달라졌다. 과거 미디어 산업의 소비자였던 개인이 콘텐츠 생산자로 변신하며, 미디어 산업의 핵심 주체가 된 것이다. 크리에이터 산업은 앞으로 더 많은 기회와 가능성을 품고 있으며, 이에 대응하기 위한 전략적 접근이 더욱 중요해지고 있다.

크리에이터, 인플루언서, 스트리머는 무엇이 같고 다른가

크리에이터라는 용어는 종종 '인플루언서'나 '스트리머'와 혼용된다. 공통점도 많지만, 각각의 역할과 의미는 미묘하게 다르다. 세 용어의 공통점과 차이점을 이해하는 것은 미디어 산업의 변화를 이해하는 데 중요하다.

크리에이터(Creator)는 말 그대로 '창작자'다. 크리에이터는 유튜브 영상이나 틱톡 숏폼 같은 영상 콘텐츠뿐 아니라 팟캐스트나 라이브 오디오, 뉴스레터 같은 텍스트 콘텐츠, 웹툰이나 웹소설처럼 다양한 포맷으로 콘텐츠를 제작하는 사람들을 폭넓게 포함한다. 즉, 크리에이터는 하나의 특정 플랫폼이나 포맷에 국한되지 않고 다양한 형태의 콘텐츠를 통해 창의성을 발휘하고 수익을 창출하는 사람들이다. 크리에이터는 자신의 재능과 아이디어를 콘텐츠로 구현하고, 플랫폼을 통해 팬들과 공유하며 장기적으로 브랜드를 구축하는 활동을 한다.

인플루언서(Influencer)는 SNS나 디지털 플랫폼에서 특정 분야에 전문성과 영향력을 갖춘 사람을 말한다. 단순히 콘텐츠 제작만으로 정의되지 않고, 해당 분야에서 높은 팔로워 수를 바탕으로 영향력을 행사하며 브랜드나 상품을 홍보하는 역할에 더 초점이 맞춰져 있다. 예를 들어 뷰티, 패션, 여행, 푸드 같은 분야에서 활동하는 인플루언서는 자신이 만든 콘텐츠를 통해 사람들의 관심과 소비 행동에 영향을 미친다. 이들은 창의적 콘텐츠 제작 능력뿐 아니라 자신의 전문 분야에서 신뢰도 높은 영향력을 유지하는 것이 더 중요하다.

스트리머(Streamer)는 실시간 방송, 즉 라이브 스트리밍 콘텐츠를 전문으로 제작하는 창작자다. 스트리머는 숲(아프리카TV), 유튜브 라이브, 치지직 등 라이브 플랫폼을 통해 실시간 방송을 하며 시청자들과 소통하는 방식으로 콘텐츠를 만든다. 게임 방송, 먹방, 라이브 토크, 소통형 콘텐츠 등이 대표적이다. 스트리머는 시청자들과 실시간 채팅을 하며 후원을 통해 소통하는 특성을 가진다. 아울러 시청자들과의 친밀한 관계와 즉각적인 상호작용이 핵심이며, 광고 수익과 함께 후원금, 유료 구독자 수입 등이 주요 수익 모델이다.

이처럼 크리에이터, 인플루언서, 스트리머는 비슷해 보이지만 각기 중점을 두는 요소가 다르다. 크리에이터는 콘텐츠 창작 자체가 중요하며 장기적인 브랜드 구축과 팬덤 형성에 집중한다. 인플루언서는 콘텐츠 창작보다는 영향력 행사와 소비자의 행동 변화를 끌어내는 데 초점을 맞춘다. 스트리머는 실시간 소통을 통한 팬들과의 밀접한 관계 형성, 즉각적인 반응을 기반으로 하는 콘텐츠가 특징이다.

최근 미디어 환경에서는 이들의 경계가 점점 더 흐려지고 있다. 크리에이터가 인플루언서로 성장하거나, 인플루언서가 콘텐츠 제작 능력을 갖추면서 크리에이터로 확장하는 경우도 많다. 마찬가지로 스트리머가 자신만의 브랜드를 구축해 크리에이터이자 인플루언서로 자리 잡는 경우도 적지 않다. 결국 이 세 가지 개념은 서로 중첩되고 영향을 주고받으며 시너지를 만들어내는 관계로 발전하고 있다.

앞으로 콘텐츠 시장은 크리에이터, 인플루언서, 스트리머가 서로 융합하며 새로운 형태로 지속해서 변화할 것으로 보인다.

▶ 요약 정리

뉴미디어의 확산은 콘텐츠 소비 방식을 능동적으로 바꾸었고, 개인이 콘텐츠 생산자가 되는 환경을 열었다. 유튜브와 틱톡, 스마트폰 보급, 팬데믹은 크리에이터 산업의 성장을 촉진했고, 크리에이터는 전통 미디어를 대체하는 새로운 주체로 자리 잡았다. 이와 함께 크리에이터, 인플루언서, 스트리머는 각기 다른 특성과 수익 모델을 가지면서도 점차 융합되며 미디어 시장을 재편하고 있다.

▶ 용어 설명

- 뉴미디어: 유튜브, 틱톡 등 디지털 플랫폼 기반의 쌍방향 미디어를 의미함
- 온디맨드(on Demand): 이용자가 원하는 시간과 장소에 콘텐츠를 선택해 소비하는 방식을 의미함

▶ 토론 문제

크리에이터, 인플루언서, 스트리머는 무엇이 같고 다르며, 이들의 경계가 사라지는 현상이 미디어 산업에 어떤 변화를 불러올지 토론해보자.

▶ 과제

유튜브, 틱톡, 넷플릭스의 등장 이후 콘텐츠 소비와 제작 주체가 어떻게 달라졌는지 간단히 조사하고 정리해보시오.

▶ **체크리스트: 뉴미디어 전환과 크리에이터 등장의 흐름 점검**

- 전통 미디어에서 디지털 플랫폼 중심으로 소비 방식이 어떻게 전환되었는지 확인할 것
- 크리에이터 산업 성장에 영향을 준 기술적·사회적 계기를 정리할 것
- 크리에이터, 인플루언서, 스트리머의 정의와 역할 차이를 이해할 것
- 팬데믹 이후에 크리에이터의 사회적 위상이 어떻게 달라졌는지 점검할 것
- 미디어 이용자의 능동적 소비 경향이 어떻게 콘텐츠 시장을 변화시켰는지 살펴볼 것

2.

크리에이터는 어떻게 '직업'이 되었나

취미로 시작한 활동이 직업이 되는 과정

크리에이터라는 개념이 처음 등장했을 때만 해도 이는 단순한 취미 활동으로 여겨졌다. 유튜브에 영상을 올리거나 블로그에 글을 쓰는 것은 재미와 자기표현의 수단이었지, 생계를 유지할 수 있는 직업은 아니었다. 하지만 크리에이터 산업이 성장하면서 이제는 공식적인 직업군으로 자리 잡았다. 이런 변화를 가장 먼저 읽은 것은 국세청이었다. 2019년 국세청은 디지털 크리에이터를 위한 업종 코드를 신설하며 체계적인 세원 관리를 시작했다. 크리에이터의 활동 규모와 특성을 반영해 '1인 미디어 콘텐츠 창작자'와 '미디어 콘텐츠 창작업'으로 세분화했으며, 이에 따라 크리에이터들은 공식적으로 사업자 등록을 하고 세금 신고를 해야 하는 직업군이 되었다. 이는 크리에이터가 더 이상 비공식적인 개인 창작자가 아니라 제도권 내에서 인정받는 직업으로 자리 잡았음을 의미한다.

크리에이터가 공식 직업군으로 인정받게 된 배경에는 몇 가지 중요한 계기가 존재한다. 우선 디지털 플랫폼의 성장이다. 유튜브와 소셜미디어, 블로그, 팟캐스트, 뉴스레터 등 플랫폼이 크리에이터의 수익화를 적극적으로 지원하며 시장이 성장할 수 있는 기반을 마련했다. 더불어, 브랜드와 기업, 나아가 다양한 산업과의 협업으로 이러한 기반이 더욱 빠르게 형성되었다. 하지만 여러 도전 과제도 등장했다.

직업으로 자리 잡기는 했지만, 모든 크리에이터가 안정적인 수익을 얻는 것은 아니다. 플랫폼의 알고리즘이 변하거나 콘텐츠 시장의 경쟁이 심화되면서 수익 안정성은 언제든 위협받는다. 광고 수익이나 브랜드 협업에 지나치게 의존하는 크리에이터의 수익 구조도 근본적으로 한계가 있다. 결국 전문 직업으로서 크리에이터는 보다 다양하고 장기적인 수익 모델을 개발해야 하며, 자신의 브랜드와 IP(Intellectual Property 지식재산권)를 장기적으로 확장할 수 있는 전략을 고민해야 한다.

크리에이터의 수익 모델 이해하기

초창기에는 광고 수익에 의존하는 경우가 많았지만, 이제는 팬덤 기반의 후원, 브랜드 협업, 자체 브랜드 운영 등 다양한 수익 모델이 등장하며 안정적인 비즈니스 구조를 갖추었다. 크리에이터 중에는 기업처럼 운영하는 사례도 늘어나고 있으며, 수익 모델을 다각화하는 것이 크리에이터 비즈니스의 핵심 전략이 되었다.

 크리에이터의 가장 대표적인 수익 모델인 유튜브 광고 수익 프로그램(YouTube Partner Program, YPP)은 구독자 수와 시청 시간 등 일정 조건을 충족한 채널에 광고 수익을 지급한다. 2025년 기준 국내에서는 유튜브 구독자 1,000명 이상, 연간 4,000시간 시청 또는 최근 90일간 쇼츠 조회수 1,000만 회를 충족한 채널에 광고 수익을 제공하며, 크리에이터는 영상의 앞·중간·뒤에 노출된 광고로 발생한 수익을 공유받는다.

 네이버 블로그 역시 애드포스트라는 광고 시스템을 운영해 방문자 수나 광고 클릭 수에 따라 수익을 지급한다. 팟캐스트도 광고 삽입이나 브랜드 협찬을 통해 크리에이터에게 수익을 나눠주는 구조다. 광고 수익은 CPM(1,000회 광고 노출당 비용)과 CPC(클릭당 비용)를 기반으로 하는데, 금융, 부동산, IT 제품 리뷰 같은 주제의 경우 CPM이 높게 책정된다. 다만 광고 수익은 변동성이 크고 플랫폼의 정책 변화에도 민감하므로, 이를 단일 수익원으로 삼기에는 리스크가 있다.

최근 크리에이터가 적극적으로 활용하는 수익 모델은 팬덤을 기반으로 한 직접 후원과 구독 모델이다. 유튜브는 일정 금액을 매월 정기 결제해 크리에이터를 후원하는 멤버십 제도를 운영하고 있다. 멤버십에 가입하면 전용 콘텐츠나 실시간 방송 참여, 특별 배지(Badge) 등의 혜택을 받는다. 숲(아프리카TV)과 치지직 같은 라이브 스트리밍 플랫폼에서는 시청자들이 직접 '별풍선' '치즈' 같은 형태로 후원한다. 스푼라디오 같은 오디오 플랫폼 역시 청취자들이 직접 후원할 수 있는 시스템을 제공한다. 이 밖에도 팬이 직접 크리에이터의 프로젝트를 지원할 수 있는 크라우드펀딩 서비스(와디즈, 텀블벅)나 뉴스레터 구독 서비스(스티비, 서브스택)를 통해 독립적인 수익을 창출하는 사례도 늘었다.

크리에이터와 브랜드의 협업은 일반적으로 브랜드 협찬 콘텐츠(브랜디드 콘텐츠) 형태로 진행된다. 유튜브 영상이나 블로그, 인스타그램에서 특정 브랜드의 세품이나 서비스를 소개하고 홍보하는 방식이다. 유튜브는 브랜드 협업 콘텐츠를 게시할 때 '유료 광고 포함'이라는 문구를 영상에 표시해야 한다. 브랜드 협업 콘텐츠는 광고 수익보다 수익 규모가 크고, 크리에이터의 영향력을 직접 수익화하는 대표적 방식이다.

최근 급성장하는 브랜드 협업 방식은 라이브 커머스다. 네이버 쇼핑라이브, 쿠팡 라이브, 유튜브 쇼핑 등에서 직접 방송을 진행하며 팬들에게 상품을 소개하고 판매하면서 수익을 얻는다. 이 방식은 크리에이터의 팬덤을 기반으로 즉각적인 구매를 유도하기 때문에 전환율이 높다는 장점이 있다.

크리에이터가 자체 IP와 브랜드를 사업으로 확장하는 사례도 늘었다. 인기 유튜버가 캐릭터 상품을 제작하거나 여행 크리에이터가 직접 여행 가이드북을 발간해 판매하는 식이다. 웹툰, 웹소설 작가는 자신의 IP를 활용한 드라마, 영화, 애니메이션 같은 2차 창작물로 추가적 수익을 창출하고 있으며, 인기 크리에이터는 출판이나 강연 활동을 통해 개인 브랜드의 가치를 더욱 높이며 수익원을 다각화하고 있다. IP 및 브랜드 확장은 크리에이터가 장기적이고 안정적인 수익 모델을 구축하는 데 중요한 전략이다.

크리에이터 산업의 시장 규모와 성장 전망

1) 크리에이터 경제의 성장과 글로벌 시장 규모

크리에이터 경제(Creator Economy)는 현재 글로벌 미디어 산업의 핵심 부분으로 급성장했다. 글로벌 크리에이터 경제 시장 규모는 최근 몇 년간 놀라운 성장세를 보이고 있다. 글로벌 시장조사 기관 골드만삭스(Goldman Sachs)의 자료에 따르면, 2024년 기준 글로벌 크리에이터 경제 시장 규모는 약 1,563억 7,000만 달러(한화 약 207조 원)이며, 앞으로 연평균 성장률(CAGR)이 18.2%에 달할 것으로 전망된다. 아울러 2030년까지 시장 규모는 5,283억 9,000만 달러(한화 약 700조 원)에 이를 것으로 예상된다. 이 수치는 기존 미디어 산업의 규모를 압도하는 수준으로, 크리에이터가 전통적인 미디어 주체를 뛰어넘어 새로운 중심이 되고 있음을 뚜렷하게 보여준다.

크리에이터 산업의 글로벌 시장 확대 배경에는 개인화된 콘텐츠 소비 트렌드가 자리 잡고 있다. 소비자들은 더 이상 방송사나 언론사가 제공하는 콘텐츠를 수동적으로 수용하지 않는다. 대신 자신만의 취향과 관심사에 맞는 크리에이터의 콘텐츠를 적극적으로 선택하고 소비한다. 이 변화는 특히 Z세대를 중심으로 디욱 뚜렷하게 나타나고 있으며, 크리에이터가 제공하는 개인 맞춤형 콘텐츠에 대한 소비자의 수요가 증가하면서 크리에이터 경제의 성장 속도도 더욱 빨라지고 있다.

2) 한국 크리에이터 산업의 성장

한국의 크리에이터 산업도 빠르게 확장되고 있다. 과학기술정보통신부와 한국전파진흥협회가 발표한 '2024 디지털 크리에이터 미디어 산업 실태조사'에 따르면, 2023년 국내 크리에이터 산업의 총매출액은 약 5조 3,159억 원으로 전년 대비 28.9% 성장했다. 국내 크리에이터 산업의 사업체 수는 1만 3,514개로 21.5% 증가했으며, 종사자 수도 4만 2,378명으로 19.8% 증가했다. 이는 크리에이터 산업이 국내 미디어 산업의 주요한 축으로 정착하고 있으며, 전문적이고 조직화된 직업군으로 인정받고 있음을 보여준다.

국내 크리에이터 산업은 향후 글로벌 시장에서도 강력한 영향력을 행사할 것으로 전망된다. 한국의 K-팝과 K-드라마가 글로벌 성공을 이루었듯, 국내 크리에이터들이 글로벌 팬덤을 구축하면서 해외 시장에서도 영향력을 확장하는 사례가 늘고 있다. 특히 동남아시아, 중동 등 신흥 시장에서는 한국 크리에이터의 콘텐츠에 대한 수요가 높아지고 있다.

결론적으로, 크리에이터 산업은 글로벌 시장과 국내 시장 모두에서 성장세를 보이고 있으며, 앞으로 더 큰 시장 규모와 다양한 수익 구조의 확장을 통해 지속 가능한 산업으로 발전할 것으로 보인다.

3) 크리에이터 시장의 주요 성장 동력

크리에이터 산업이 폭발적으로 성장하게 된 배경에는 몇 가지 중요한 동력이 존재한다.

첫 번째 성장 동력은 스마트폰의 보급과 모바일 인터넷 환경의 발전이다. 스마트폰은 고가의 촬영 장비와 편집 프로그램이 없어도 영상 제작부터 업로드까지의 전 과정을 쉽게 만들었다. 특히 2019년 이후 5G 기술이 본격적으로 도입되면서, 초고화질 영상 콘텐츠와 라이브 스트리밍 콘텐츠 소비가 폭발적으로 증가했다. 이에 따라 크리에이터도 더 창의적이고 다양한 콘텐츠를 제작할 수 있는 환경이 만들어졌다.

두 번째는 소셜미디어 플랫폼의 성장과 개인 맞춤형 알고리즘의 발전이다. 유튜브, 틱톡, 인스타그램 같은 뉴미디어 플랫폼은 사용자들의 행동 데이터를 바탕으로 개별 소비자에게 최적화한 콘텐츠를 제공하는 알고리즘을 도입했다. 유튜브는 사용자의 이전 시청 기록과 관심사를 분석해 맞춤형 콘텐츠를 제공하며, 틱톡은 사용자의 관심사를 기반으로 짧고 흥미로운 영상을 즉각적으로 추천

해준다. 이처럼 고도화된 알고리즘을 통해 크리에이터의 콘텐츠가 더 많은 사용자에게 노출되고, 빠르게 확산할 수 있었다.

세 번째로, 전통 광고 시장의 디지털 전환도 중요한 성장 동력이다. 미디어 소비 습관이 모바일과 디지털로 급속히 이동하면서, 기업과 브랜드는 보다 정밀한 타기팅과 즉각적인 광고 효과 측정이 가능한 뉴미디어 플랫폼과 크리에이터 협업을 적극적으로 선택했다. 또한 크리에이터가 광고주와 소비자를 효과적으로 연결하면서, 광고 시장의 중심이 크리에이터로 이동했다.

네 번째 성장 동력은 팬덤 경제의 등장이다. 최근의 크리에이터 팬덤은 단순한 시청을 넘어 적극적으로 크리에이터를 후원하고 지원하는 경제 주체가 되었다. 유튜브의 채널 멤버십, 후원 시스템, 크라우드펀딩 등을 통해 팬들은 직접 크리에이터를 지지하고 경제적으로 지원한다. 팬덤은 크리에이터가 장기적으로 활동할 수 있는 든든한 기반이 되었다.

다섯 번째 성장 동력은 크리에이터와 전문적인 MCN의 협력과 지원 체계 구축이다. 초창기 크리에이터는 콘텐츠 제작과 운영에 필요한 전문 지식이나 네트워크가 부족했다. MCN은 전문적인 콘텐츠 제작 기술, 법률적 지원, 브랜드 협업 관리, 수익 모델 발굴 등을 지원하며 크리에이터가 빠르게 성장할 수 있게 만들어주었다. 아울러 콘텐츠 제작 능력과 비즈니스 감각이 뛰어난 크리에이터를 육성하며, 광고주 및 브랜드와 크리에이터 사이의 효과적인 연결 고리 역할을 수행했다. 이후 MCN의 역할이 크리에이터 육성 및 브랜드 전략 기획, 라이브 커머스 운영 지원 등으로 전문화하고 확장되면서 크리에이터 산업의 성장을 촉진했다.

마지막으로, 사회적 인식의 변화다. 최근에는 크리에이터가 연예인 이상의 사회적 영향력을 행사하면서 선망받는 직업으로 인정받기 시작했다. 이처럼 사회적 인식이 바뀌면서 더 많은 사람이 크리에이터 산업에 뛰어들었고, 산업의 규모와 영향력도 자연스럽게 확장됐다. 이러한 요인들이 서로 긴밀히 상호작용해 크리에이터 산업은 더욱 확대될 것으로 보인다.

4) 플랫폼별 시장 규모 및 전망

유튜브는 월간 활성 사용자(MAU) 25억 명 이상을 보유한 세계 최대 규모의 크리에이터 플랫폼이다. 2024년 기준 광고 매출만 361억 달러에 달한다. 유튜브는 국내외 크리에이터 수익 창출 구조의 중심에 있으며, 최근에는 쇼츠를 통해 짧은 영상 콘텐츠를 확대하고 알고리즘과 수익화 모델을 개편하며 성장 기회를 넓히고 있다.

틱톡은 숏폼 콘텐츠 기반으로 급성장한 플랫폼이다. 월간 활성 사용자는 15억 명 이상, 2024년 기준 매출은 약 230억 달러에 이른다. 짧고 즉각적인 콘텐츠 소비 특성을 기반으로 젊은 세대 중심의 강력한 영향력을 형성했다. 최근에는 중·장편 콘텐츠와 커머스 기능(예: 틱톡 스토어)까지 도입하며 수익 모델을 다변화하고 있다.

인스타그램은 월간 활성 사용자 17억 명 이상, 2024년 매출 670억 달러로 유튜브와 틱톡을 능가하는 수익 규모를 기록하고 있다. 사진 중심 플랫폼에서 릴스(Reels), 쇼핑, 라이브 방송 등으로 콘텐츠 포맷을 확장하고 있다. 특히 뷰티, 패션, 라이프스타일 분야에서 브랜드 협업과 인플루언서 마케팅이 활발하게 이루어진다. 최근에는 쇼핑 기능과 크리에이터 전용 도구를 강화해 수익 창출을 적극 지원하고 있다.

5) 크리에이터 산업의 미래 전망

기술과 창작의 경계가 빠르게 허물어지며, 크리에이터 산업은 더욱 다양한 형태로 확장되고 있다. 그 중심에는 이미 현실이 된 생성형 인공지능(AI) 기술의 도입이 있다. 구글 Veo 3, 런웨이(Runway), 플로(Flow) 등 고도화된 영상 생성 AI는 누구나 기업 수준의 고품질 콘텐츠를 제작할 수 있는 환경을 현실로 만들었다. 편집, 음성 합성, 대본 작성은 물론, 이미지와 텍스트만으로 영상 전체를 자동으로 제작할 수 있는 기술이 크리에이터의 작업 방식에 본격적으로 적용되고 있다.

이는 콘텐츠 제작의 효율성을 비약적으로 높이는 동시에, 크리에이터의 창작 역량 자체를 재정의하게 만들었다. 과거 장비나 제작 인력이 있어야 가능했던 고퀄리티 콘텐츠가 이제는 개인도 구현 가능해졌고, 이에 따라 크리에이터의 역할도 전략적 기획자이자 브랜드 설계자로 진화했다. 가상 크리에이터(Virtual Influencer)의 확산도 주목할 만하다. 버튜버로 대표되는 가상 크리에이터는 이미 콘텐츠 시장에서 실질적인 영향력을 행사하고 있다. 실제와 가상의 경계가 흐려지는 흐름은 크리에이터 산업을 하이브리드 창작 생태계로 확장시키는 전환점이 되고 있다.

콘텐츠와 전자상거래가 결합된 라이브 커머스도 새로운 성장 동력이다. 중국에서는 왕훙(중국식 인플루언서)을 중심으로 한 라이브 커머스 시장이 2024년 기준 5조 위안 규모이며, 도우인(Douyin) 단일 플랫폼에서만 연 3조 5,000억 위안의 거래가 발생할 정도로 폭발적인 성장을 기록 중이다. 상위 크리에이터의 영향력과 판매력이 결합된 라이브 커머스 모델은 단순한 홍보를 넘어 실질적인 소비 행동으로 이어지는 구조를 만들었다. 이는 한국을 포함한 글로벌 시장에서도 점차 확대되고 있나. 크리에이터는 콘텐츠 제작자이자 판매 촉진자 역할을 병행하게 될 것이다.

팬덤 경제의 강화도 크리에이터 산업을 더 크게 키울 것이다. 팬덤 경제는 플랫폼의 정책 변화나 광고 시장의 불확실성으로부터 크리에이터를 더 자유롭게 만들기 때문이다. 이처럼 AI 콘텐츠 제작 기술의 발전, 라이브 커머스 같은 전자상거래 연계 확대, 그리고 팬덤 경제의 정착과 강화라는 주요 흐름 속에서 크리에이터 산업의 미래는 한층 더 성장할 가능성을 보여주고 있다.

▶ 요약 정리

크리에이터는 처음에는 취미나 자기표현의 수단으로 활동을 시작했지만, 플랫폼의 성장과 사회적 인식의 변화, 제도권 편입을 거치며 공식적인 직업으로 자리 잡았다. 크리에이터 산업은 광고 수익, 브랜드 협업, 팬덤 기반 후원, 자체 IP 확장 등 수익 모델을 다각화하며 국내외에서 빠르게 성장하고 있다. 특히 기술 발전과 팬덤 경제, MCN 지원 체계 등 다양한 성장 동력이 산업의 지속 가능성을 뒷받침하고 있다.

▶ 용어 설명

- 크리에이터 경제: 개인 창작자가 디지털 플랫폼을 통해 수익을 창출하는 산업 구조를 뜻함
- 브랜디드 콘텐츠: 브랜드와 협업해 제작된 홍보 목적의 콘텐츠
- 팬덤 경제: 팬들이 직접 후원하거나 소비에 참여하며 크리에이터 활동을 지속 가능하게 만드는 구조를 의미함

▶ 토론 문제

- 크리에이터가 직업으로 인정받기까지 어떤 조건과 환경이 뒷받침되었는지 토론해보자.
- 크리에이터의 수익 모델 중 가장 지속 가능하다고 생각하는 방식에 대해 의견을 나눠보자.

▶ 과제

크리에이터의 주요 수익 구조를 조사하고, 각 구조의 장단점을 비교해 간단히 정리해 보시오.

▶ 체크리스트: 크리에이터 직업화와 수익 모델 점검

- 크리에이터로서 소득 신고와 사업자 등록 등 제도적 절차를 이해할 것
- 광고, 후원, 협업, IP 확장 등 주요 수익 모델의 종류를 파악할 것
- 크리에이터 산업 성장의 기술적·사회적 배경을 정리할 것
- MCN의 역할과 팬덤 경제가 산업에 미친 영향을 이해할 것
- AI, 가상 크리에이터 등 미래 성장 요인을 점검할 것

II. 크리에이터 비즈니스의 작동 원리

3.

플랫폼과 생태계는
어떻게 크리에이터를
움직이는가

크리에이터 산업은 여러 주체가 유기적으로 연결된 하나의 거대한 생태계다. 가장 먼저 살펴볼 주체는 크리에이터다. 크리에이터는 생태계의 중심이 되는 주체로, 콘텐츠를 창작하고 팬덤을 구축하며, 브랜드 및 플랫폼과 협력해 수익을 창출한다. 크리에이터는 전략적 콘텐츠 기획자이자 마케터, 브랜드 운영자라는 다양한 역할을 동시에 수행한다.

크리에이터의 활동에서 가장 중요한 기반은 바로 팬덤이다. 팬덤은 크리에이터가 만드는 콘텐츠의 주요 소비자이자 가장 적극적

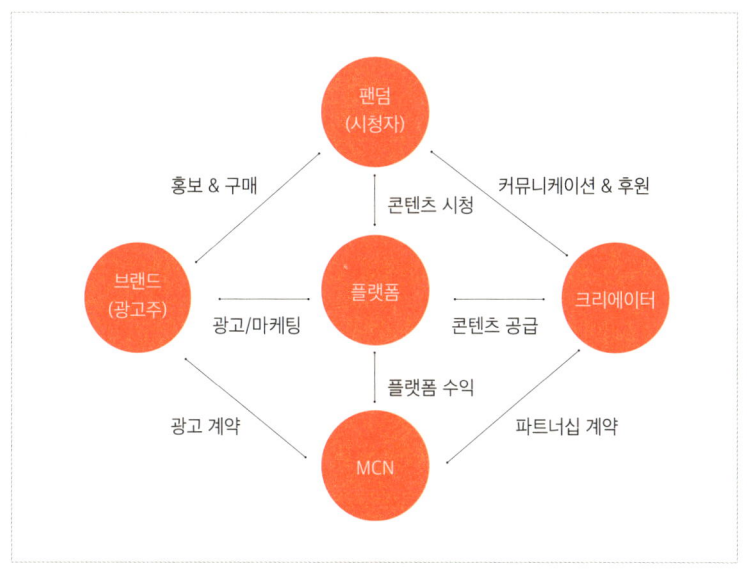

(그림 1) 크리에이터 생태계 구성원 간의 상호작용

인 지지자로 크리에이터의 성공을 결정짓는 핵심 요소다. 팬덤이 강할수록 브랜드와 협업 시 광고 효과가 높아지고, 자체 제작 브랜드의 성공 가능성도 높아진다. 최근 팬덤의 힘이 강해지면서 팬과의 소통과 커뮤니티 관리를 전문적으로 수행하는 크리에이터도 많아졌다.

 브랜드(광고주)와 크리에이터의 협업은 광고주한테 더 직접적이고 자연스러운 방식으로 소비자에게 접근할 수 있는 기회를 제공한다. 소비자는 자신이 좋아하고 신뢰하는 크리에이터가 소개하는 브랜드와 제품에 대해 더욱 긍정적인 인식을 갖기 때문이다. 협업을 통해 브랜드 인지도 향상과 판매로 이어질 가능성도 높다. 그러다 보니 크리에이터와의 관계를 장기적인 파트너십으로 발전시키는 브랜드가 늘어나고 있다.

MCN은 크리에이터 생태계의 관리와 육성을 담당하는 핵심 주체다. 크리에이터와 브랜드를 연결해 협업을 지원하고, 잠재력 있는 크리에이터를 발굴해 성장 가능성을 높인다. 이러한 체계적 관리와 지원 시스템을 통해 많은 크리에이터가 안정적으로 성장할 수 있는 환경이 마련되고 있다.

마지막으로, 플랫폼은 크리에이터 생태계가 작동할 수 있는 핵심 인프라를 제공한다. 플랫폼은 크리에이터 콘텐츠가 시청자들에게 효과적으로 전달되도록 하는 유통망이며, 크리에이터가 다양한 수익을 얻을 수 있게 만드는 마켓이다. 플랫폼이 제공하는 알고리즘과 정책은 크리에이터 활동에 즉각 영향을 미친다. 크리에이터는 플랫폼 정책과 동향을 지속적으로 분석하고 대응해야 하며, 이는 크리에이터 생태계에서 성공을 위한 중요한 조건이다.

크리에이터 산업에서 성공하려면 각 주체들이 이 생태계 안에서 어떤 역할을 하며, 서로 어떻게 연결되어 있는지를 정확히 이해하고, 각자의 강점과 역할을 잘 활용할 수 있어야 한다.

플랫폼 정책과 알고리즘의 영향

크리에이터가 안정적으로 성장하고 비즈니스로 지속 가능성을 갖추려면 플랫폼 정책과 알고리즘을 정확히 이해하고, 이를 전략적으로 활용해야 한다.

주요 플랫폼들은 크리에이터에게 콘텐츠 제작과 배포의 기회를 제공하지만, 동시에 엄격한 정책과 세부 가이드라인을 만들어 운영하고 있다. 이 정책은 주로 콘텐츠 품질관리, 광고 적합성 판단, 저작권 보호, 이용자 보호 등을 위해 존재하며, 크리에이터의 콘텐츠 노출과 수익화 여부에 직접적인 영향을 미친다. 예컨대 유튜브는 '서비스 약관'과 '커뮤니티 가이드'를 통해 특정 키워드나 주제를 다루는 영상에 광고 제한 조치를 내린다. 이 때문에 크리에이터는 콘텐츠 제작 단계에서부터 적합성 여부를 판단해야 하며, 콘텐츠 기획과 제작에 신중해야 한다.

최근 크리에이터 산업에서 플랫폼 알고리즘의 영향력은 더 커졌다. 알고리즘이란 플랫폼이 이용자의 행동 패턴, 관심사, 과거 소비 콘텐츠 등의 데이터를 분석해 가장 적합한 콘텐츠를 추천하고 노출시키는 시스템이다.

유튜브는 과거 구독자 수가 콘텐츠 노출의 핵심 요소였지만, 최근에는 시청 유지 시간(Watch Time)과 시청자의 참여도(좋아요, 댓글,

공유 등)가 알고리즘에 더욱 중요하게 작용하고 있다. '쇼츠'는 짧은 시간에 많은 시청자의 관심과 참여를 유도하는 콘텐츠를 우선 추천하고 있다. 이는 크리에이터 콘텐츠가 짧고 강렬한 포맷으로 전환하는 중요한 이유가 되었다.

틱톡은 영상 길이가 짧고 화면 전환이 빠르기 때문에 이용자의 즉각적인 반응(좋아요, 공유, 재생 완료율)에 기반해 빠르게 콘텐츠를 확산시킨다. 이 알고리즘 원칙에 따라 틱톡 크리에이터는 영상이 시작되는 초반 몇 초 동안 강력한 메시지와 흥미로운 구성으로 시청자의 관심과 흥미를 사로잡아야 한다. 초기 반응이 좋아야 더 많은 사용자에게 콘텐츠를 적극적으로 추천해주기 때문이다.

인스타그램은 사진 위주의 플랫폼에서 영상 콘텐츠(릴스) 중심으로 바뀌면서 알고리즘도 빠르게 변화했다. 특히 릴스는 알고리즘의 추천을 받아 팔로워가 아닌 이용자들에게도 빠르게 콘텐츠가 노출되는 구조로 크리에이터가 신규 팬을 확보하는 데 효과적이다. 인스타그램 역시 이용자 참여도와 빠른 확산 가능성을 높게 평가하기 때문에, 짧고 몰입도 높은 콘텐츠를 제작하는 데 중점을 둬야 한다.

플랫폼 정책과 알고리즘이 크리에이터에게 긍정적인 방향으로만 작용하는 것은 아니다. 예전에 유튜브가 아동 콘텐츠에 대한 정책을 강화했을 때, 많은 키즈 크리에이터가 큰 타격을 받았다. 틱톡 역시 주기적으로 콘텐츠 정책을 변경해 일부 콘텐츠가 추천 알고리즘에서 갑자기 제외되기도 했다.

그러므로 크리에이터는 제작한 콘텐츠가 플랫폼 알고리즘에 적합하게 설계되어 있는지, 정책 위반 요소는 없는지 등을 지속적으로 점검하고 관리해야 한다. 또한 여러 플랫폼을 전략적으로 활용해 위험을 분산하고, 변화에 따른 충격을 최소화하는 멀티 플랫폼 전략을 병행하는 것이 바람직하다.

수익화 정책과 수익 배분 구조 분석

크리에이터 산업의 지속적인 성장과 함께 크리에이터가 수익을 창출할 수 있는 구조를 마련한 플랫폼의 역할은 절대적이다. 유튜브, 틱톡, 인스타그램의 수익화 정책과 배분 구조를 자세히 살펴보자.

우선 유튜브는 크리에이터가 수익을 창출할 수 있는 여러 가지 방법을 제공하고 있다.

첫째, 플랫폼 광고 수익이다. 유튜브는 광고주로부터 받은 광고 수익을 일정한 비율로 크리에이터와 나누는 방식으로 운영한다. 크리에이터가 업로드한 영상에 삽입되는 광고 유형은 프리롤(영상 시작 전), 미드롤(영상 중간), 포스트롤(영상 끝부분), 그리고 화면 하단에 삽입하는 배너형 광고 등으로 구분된다. 광고 유형과 크리에이터 채널의 콘텐츠 특성에 따라 광고 단가(CPM, CPC 등)가 달라지며, 주제와 타깃 시청층에 따라 그 편차도 크다. 금융, 부동산, IT 기기 리뷰 등의 콘텐츠는 광고주가 선호하는 타깃층이 명확해 CPM, 즉 노출당 비용이 높게 형성되는 경향이 있다.

유튜브 광고의 총수익에서 크리에이터에게 배분하는 비율은 정해져 있다. 일반 동영상(롱폼)은 광고 수익 중 55%를 크리에이터에게 지급하고, 나머지 45%를 유튜브가 가져간다. 타 플랫폼 대비 크리에이터에게 유리한 비율이라고 볼 수 있다.

유튜브 쇼츠의 광고 수익은 크리에이터에게 45%를 지급하고, 유튜브가 55%를 가져간다. 쇼츠의 수익 배분 과정은 일반 동영상보다 복잡한데, 쇼츠 피드의 모든 광고 수익을 먼저 합산한 후 이 수익 중 일부를 음악 라이선스 비용으로 사용하고, 남은 수익의 일부를 크리에이터에게 할당한다. 이후 각 크리에이터의 쇼츠 조회수에 따라 수익을 분배한다. 최종적으로 크리에이터는 할당된 금액의 45%를 받는다.

쇼츠는 저작권이 있는 음악을 사용해도 광고 수익 창출이 가능하다는 장점이 있다. 이 구조는 유튜브가 숏폼 시장 진출 초기에 플랫폼 내 숏폼 콘텐츠 소비를 촉진하기 위해 설계한 것으로 분석할 수 있다.

둘째, 유튜브 프리미엄(YouTube Premium) 구독 서비스 수익이다. 유튜브 프리미엄은 이용자들이 광고 없이 콘텐츠를 시청할 수 있는 유료 구독 서비스로, 크리에이터는 자신의 콘텐츠 시청 비율에 따라 일정 비율의 수익을 받는다. 시청 시간에 비례해 금액을 지급한다. 광고 수익과 별개로 추가적인 수익이며, 사람들이 더 많이 시청할수록 크리에이터의 수익도 증가한다.

셋째, 구독 기반 수익이다. '유튜브 채널 멤버십'은 시청자가 특정 채널에 매월 일정 금액을 지불하며 가입하는 방식이다. 크리에이터는 멤버십 회원들에게 독점 콘텐츠, 이모티콘, 배지, 라이브 방송 등의 특별한 혜택을 제공할 수 있다. 멤버십 가격은 크리에이터가 직접 설정할 수 있으며, 월 990원부터 최대 수십만 원까지 다양하다. 유튜브는 멤버십 매출의 70%를 크리에이터에게 지급하며, 나머지 30%를 플랫폼 수수료로 가져간다.

넷째, 실시간 스트리밍(라이브 방송)을 통한 직접 후원 수익이다. 이때 사용하는 기능이 '슈퍼챗(Super Chat)'과 '슈퍼스티커(Super Sticker)'다. 시청자는 방송 중 크리에이터에게 일정 금액을 직접 후원하고, 이를 통해 크리에이터와 더욱 긴밀하게 소통할 수 있다. 유튜브는 후원금의 70%를 크리에이터에게 지급하고, 30%를 수수료로 가져간다.

다섯째, 최근 유튜브는 자체 상품(굿즈)을 유튜브 플랫폼 내에서 판매할 수 있는 '유튜브 쇼핑' 기능을 활성화하고 있다. 크리에이터는 자신의 영상이나 실시간 방송 중에 상품을 소개하고 판매할 수 있으며, 유튜브는 자체 결제 시스템을 통해 판매 수익에서 일정 비율(5~10% 내외)을 수수료로 가져간다.

마지막으로, 유튜브는 자신의 콘텐츠를 판매하거나 콘텐츠 상품화를 통한 추가 수익 모델을 지원하는 기능을 도입했다. 특정 영상을 유료로 판매하거나, 독점 콘텐츠를 구독 형태로 제공해 별도의 수익을 창출할 수 있다. 이 역시 유튜브가 30%를 수수료로 가져가고, 크리에이터는 나머지 70%를 지급받는 구조다.

이렇게 유튜브는 수익화 기준과 배분 구조를 공개해 크리에이터가 장기적인 활동 전략을 세울 수 있는 환경을 제공한다. 크리에이터가 플랫폼을 선택할 때, 유튜브의 투명한 수익 배분 구조와 다양한 수익화 옵션은 가장 큰 강점으로 작용한다.

틱톡의 대표적인 수익화 프로그램은 크리에이터 펀드(Creator Fund)로 일정 조회수와 팔로워 수를 충족한 크리에이터에게 콘텐츠 조회수와 참여도에 따라 보상을 지급한다. 다만 현재까지는 유튜브에 비해 수익성이 다소 낮은 것으로 평가된다.

최근 틱톡은 라이브 방송 기능을 확대했다. 틱톡 크리에이터는 라이브 방송 중 팬에게 가상 선물을 받을 수 있으며, 이를 통해 실제 수익을 얻을 수 있다. 또한 틱톡 스토어를 도입해 크리에이터가 라이브 커머스를 통해 직접 상품을 판매하게 했다. 이 기능은 브랜드 협찬을 통해 더 큰 수익 기회를 제공하고 있어 앞으로 성장 가능성이 높다.

인스타그램 크리에이터는 특정 브랜드의 제품이나 서비스를 콘텐츠 내에서 홍보하고, 브랜드로부터 협찬비를 받는 방식으로 수익을 창출해왔다. 그러나 인스타그램은 크리에이터가 플랫폼 안에서 직접 수익을 얻을 수 있는 기능을 강화하고 있다.

인스타그램 쇼핑에서는 연계 크리에이터가 소개한 상품을 바로 구매할 수 있게 지원한다. 최근 도입된 인스타 릴스의 광고 수익 공유 정책은 크리에이터가 제작한 숏폼 영상 콘텐츠에 광고를 삽입하고, 이 광고에서 발생한 수익을 일정 비율로 크리에이터에게 지급하는 방식으로 운영된다. 이 외에도 크리에이터가 팬에게 직접 후원을 받을 수 있는 '배지' 기능을 추가해 팬과 크리에이터 간의 직접적인 경제적 연결도 강화했다.

유튜브는 상대적으로 안정적인 광고 수익 구조와 멤버십 등 팬덤 기반 수익이 강력한 플랫폼으로 자리 잡고 있고, 틱톡은 라이브 방송과 숏폼 콘텐츠를 활용한 브랜드 협찬을 중심으로 수익화가 빠르게 확대되고 있다. 인스타그램은 이미지와 숏폼 영상을 중심으로 브랜드 협업과 쇼핑 기능을 결합해 크리에이터가 보다 직관적으로 수익을 창출할 수 있게 지원하고 있다.

멀티 플랫폼 전략의 중요성

초기 크리에이터 산업에서는 대부분의 크리에이터가 단일 플랫폼에서 활동하는 것이 일반적이었다. 그러나 최근 경쟁이 치열해지고, 플랫폼의 정책 변화 및 알고리즘 불확실성이 증가하면서, 다수의 플랫폼에서 동시에 콘텐츠를 발행하거나 각 플랫폼의 특성과 사용자 환경에 맞춰 콘텐츠 전략을 다변화하는 '멀티 플랫폼 전략'이 주목받기 시작했다.

멀티 플랫폼 전략의 가장 큰 장점은 리스크 분산이다. 한 플랫폼에서만 활동하는 크리에이터라면 플랫폼 알고리즘의 변화에 즉각적으로 대응하기 어렵고, 때로는 심각한 타격도 받는다. 하지만 여러 플랫폼을 동시에 운영하면서 리스크를 분산시키면 콘텐츠 수익과 팬덤 유지에 안정성을 확보할 수 있다.

멀티 플랫폼 전략이 중요한 또 다른 이유는 새로운 잠재 고객 발굴과 팬덤 확대에 있다. 각 플랫폼의 사용자는 특성과 소비 성향이 다르다. 멀티 플랫폼 전략을 구사하면 다양한 형태로 잠재 팬층에 접근할 수 있으며, 여러 연령대와 관심사를 가진 팬을 동시에 확보할 수 있다.

성공 사례로는 국내 대표 크리에이터인 '침착맨'이 있다. 그는 유튜브에서 라이브 방송과 편집된 콘텐츠를 동시에 운영하며 팬덤을 확보했고, 동시에 인스타그램에서는 짧은 클립과 일상 콘텐츠를 통해 새로운 팬층을 만들고 있다. 특히 침착맨은 트위치의 국내 서비스 종료 이후, 유튜브·아프리카TV·치지직을 모두 선택하며 멀티 플랫폼 전략을 구사했다. 유튜브는 글로벌적으로 안정적인 사용자 기반을 가지고 있으며, 아프리카TV는 국내에서 오랜 기간 자리를 잡은 라이브 플랫폼으로 신뢰도가 높다. 치지직은 신생 플랫폼이지만 빠른 성장 잠재력을 보유하고 있다. 침착맨은 세 플랫폼을 동시에 활용하면서 기존 팬을 유지하면서도 새로운 플랫폼에서의 성장 기회를 동시에 잡을 수 있었다.

침착맨의 사례는 멀티 플랫폼 전략이 단순히 리스크 분산을 넘어, 크리에이터의 영향력과 팬덤을 확장하는 데 매우 효과적임을 보여준다.

　멀티 플랫폼 전략을 사용할 때 고려해야 할 중요한 요소는 바로 콘텐츠 재활용과 최적화다. 각 플랫폼 특성에 맞춰 콘텐츠를 처음부터 새롭게 제작하는 것은 시간과 비용 모두 비효율적이다. 따라서 이미 제작한 콘텐츠를 각 플랫폼 특성에 맞게 재가공하는 것이 중요하다. 유튜브에서 롱폼 영상을 제작하고, 이를 편집해 틱톡과 인스타그램 릴스로 재구성해 업로드하는 방식이 대표적이다. 라이브 방송에서 흥미로운 부분만 따로 편집해 숏폼 콘텐츠로 발행하기도 한다.

　'원 소스 멀티 유즈'로 콘텐츠를 사용한다고 해서 멀티 플랫폼 전략이 쉬운 것은 아니다. 각 플랫폼마다 알고리즘, 이용자 특성, 수익 모델, 콘텐츠 제작 방식이 다르기 때문에 모든 플랫폼을 동시다발적으로 운영하기 위해서는 상당한 전략과 자원이 필요하다. 크리에이터는 자신이 가진 자원과 역량에 따라 점진적으로 플랫폼을 확장해나가는 것이 좋다. 처음에는 주력 플랫폼을 선정해 콘텐츠의 경쟁력을 키우고, 팬덤이 형성되면 점차 추가 플랫폼으로 확장하는 방식이 효과적이다.

　브랜드는 마케팅 목표와 제품의 특성에 따라 가장 적합한 플랫폼에서 소비자와 소통하고자 한다. 멀티 플랫폼을 운영하는 크리에이터는 브랜드가 원하는 다양한 타깃층에 맞는 채널을 제공할 수 있다. 실제로 최근 많은 브랜드가 유튜브뿐 아니라, 틱톡과 인스타그램을 동시에 활용하는 크리에이터와 협업을 선호하고 있다.

최근 플랫폼은 크리에이터에게 다양한 인센티브를 제공하며 경쟁하고 있다. 유튜브는 숏폼 콘텐츠 제작자들에게 광고 수익 배분율을 높여주고 있으며, 틱톡 역시 쇼핑 기능 도입과 커머스 수익 모델을 제공하며 적극적인 유인책을 펴고 있다. 크리에이터 입장에서는 플랫폼 간 경쟁을 전략적으로 활용하는 것이 좋다.

멀티 플랫폼 전략은 리스크 관리에서 나아가 새로운 수익 창출 기회를 마련하고 팬덤 확장과 브랜드 협업 가능성을 극대화하는 필수 전략이다.

▶ 요약 정리

크리에이터 산업은 크리에이터, 팬덤, 브랜드, MCN, 플랫폼이 서로 영향을 주고받는 복합적인 생태계에서 작동한다. 플랫폼의 알고리즘과 정책은 크리에이터의 콘텐츠 노출과 수익 구조에 직접적인 영향을 미치며, 팬덤과의 관계는 브랜드 협업과 커머스 성과에 결정적 요소로 작용한다. 크리에이터는 멀티 플랫폼 전략을 통해 리스크를 분산하고 영향력을 넓혀가며, 각 플랫폼의 특성과 생태계 내 주체들의 역할을 전략적으로 활용해야 한다.

▶ 용어 설명

- 알고리즘: 플랫폼이 이용자 데이터를 바탕으로 콘텐츠 노출을 자동 조정하는 시스템을 뜻함
- 멀티 플랫폼 전략: 다양한 플랫폼을 병행 활용해 콘텐츠를 운영하고 팬층을 확장하는 전략을 말함

▶ 토론 문제

- 크리에이터 생태계를 구성하는 주체 중에서 가장 영향력이 큰 대상은 누구인지 토론해보자.
- 플랫폼의 알고리즘 변화에 효과적으로 대응하기 위해 크리에이터는 어떤 전략을 세워야 할지 이야기해보자.

▶ 과제 예시

유튜브, 틱톡, 인스타그램 중 한 플랫폼을 선택해 알고리즘 작동 방식과 수익 배분 구조를 조사하고 정리하시오.

▶ 체크리스트: 플랫폼 생태계 이해를 위한 핵심 점검 항목

- 크리에이터, 팬덤, 브랜드, MCN, 플랫폼의 역할과 상호작용을 정리해 볼 것
- 플랫폼 알고리즘이 콘텐츠 노출과 수익에 어떤 영향을 미치는지 이해할 것
- 플랫폼별 수익화 구조의 차이를 비교해볼 것
- 멀티 플랫폼 운영의 장단점을 파악하고 사례를 찾아볼 것
- 플랫폼 정책 변화에 따른 리스크 대응 방안을 준비할 것

4.

MCN, 왜 필요하고 어떻게 선택할 것인가

MCN의 정의와 발전 과정

MCN(Multi-Channel Network)은 디지털 플랫폼에서 활동하는 다수의 크리에이터를 한데 모아 전문적으로 관리하고 지원해주는 조직이다. 유튜브가 급성장하던 2010년대 초반에 부상했는데, 여러 뉴미디어 플랫폼에서 크리에이터가 빠르게 늘어나면서 관리와 수익화, 법적·기술적 지원에 대한 수요가 동시에 증가했기 때문이다. 각 크리에이터가 직접 광고주와 협상하고, 저작권 문제나 플랫폼 가이드라인 위반 문제를 처리하며, 촬영 인프라와 편집 기술을 갖추는 데에는 상당한 부담이 뒤따른다. 플랫폼 역시 기하급수적으로 증가한 채널을 모두 세세하게 돌보기 어렵고, 광고주는 자신이 원하는 콘셉트와 규모를 지닌 크리에이터를 효율적으로 섭외하기를 원한다. 결국 이를 중간에서 유기적으로 연결해주는 매개체가 필요해졌고, 그 역할을 담당한 것이 바로 MCN이었다.

MCN이라는 용어는 원래 유튜브 생태계를 중심으로 정착했다. 여러 개의 채널(Channel)을 하나의 네트워크(Network)로 묶는 구조이므로 멀티 채널 네트워크라는 이름이 붙었는데, 이후 틱톡이나 인스타그램, 아프리카TV, 트위치 같은 다른 플랫폼으로 확장되면서 '멀티 플랫폼 네트워크'에 가깝게 변모했다.

초기 해외 MCN으로는 머시니마(Machinima), 메이커 스튜디오(Maker Studios), 풀스크린(Fullscreen) 등이 있다. 게임 콘텐츠나 버라이어티 영상을 주로 다룬 이들은, 소속 크리에이터에게 영상 편집과 스튜디오 시설, 저작권 관리, 광고 협상 등 다양한 서비스를 제공하고, 다수 크리에이터가 함께하는 프로젝트나 오프라인 행사까지 기획하며 시장을 키워나갔다. 2010년대 후반에는 대기업과 합병 및 구조 조정이 잇따르면서 초창기 MCN 붐이 한 번 정리되었다. 하지만 멀티 채널 관리와 크리에이터 육성을 핵심으로 하는 사업 모델은 디지털 시대의 주류 매니지먼트 형태로 자리 잡았다.

국내에서는 2014년 전후로 MCN이 본격적으로 성장했다. CJ ENM의 다이아TV는 여러 유튜버를 모아 방송사의 스튜디오나 장비, 편집 인력을 지원하고, 광고 섭외와 협찬을 연결하면서 크리에이터가 콘텐츠 제작에만 집중하도록 도와주었다. 독립적으로 출범한 샌드박스네트워크나 트레져헌터 등도 비슷한 시기에 주목받으며 게임, 먹방, 키즈, 예능, 뷰티 등 다양한 카테고리를 포괄하는 대형 네트워크를 구축했다. 동시에 뷰티 전문 MCN, 게임이나 숏폼에 특화된 MCN처럼 특정 분야에만 집중해 높은 전문성을 갖춘 기업도 등장했다. 이런 움직임은 크리에이터 산업이 본격적인 비즈니스 영역으로 확장하는 데 중요한 발판이 되었다.

MCN은 크리에이터, 광고주 그리고 플랫폼이 모두 얻을 수 있는 이점이 존재했기 때문에 성장할 수 있었다. 크리에이터는 대형 광고 계약을 따내거나 필요한 장비와 편집 인력을 안정적으로 확보할 수 있었고, 광고주는 여러 채널을 한 번에 계약해 다양한 형태의 브랜디드 콘텐츠를 빠르게 제작할 수 있었다. 플랫폼도 무수히 많은 채널을 관리하면서 생길 수 있는 혼선이나 저작권 분쟁을 완화할 수 있었고, 광고 수익도 효율적으로 극대화할 수 있었다.

반면, MCN이 너무 많은 권한을 쥐거나 수익 구조가 복잡해지면서 크리에이터와 갈등을 일으키기도 했다. 전속 계약에서 발생한 불합리한 조항, 인기 채널의 이탈, 일부 MCN의 불투명한 수익 배분 등은 MCN이 풀어야 할 숙제로 남았다. 플랫폼 정책 변화나 시장 트렌드가 워낙 빠른 만큼, MCN 역시 이에 대응하는 전문성을 갖추지 못하면 별다른 경쟁력을 보여주기 어렵다는 지적도 있다.

그럼에도 MCN은 디지털 시대에 필요한 매니지먼트사이자 광고 대행사, 콘텐츠 기획사 역할까지 담당하는 종합 비즈니스 구조로 진화하고 있다. 많은 MCN이 크리에이터 발굴과 육성에 집중하며 IP 사업으로 영역을 확장하고 있고, 일부는 해외 시장에 진출해 한류 콘텐츠 또는 한국의 디지털 문화를 소개하고 있다. 특히 국내 MCN은 연예 기획사나 방송사를 참고해, 크리에이터의 라이브 커머스나 오프라인 이벤트 전반을 기획·운영해주는 식으로 사업 범위를 넓혔다. 플랫폼의 경쟁 구도가 변하고 크리에이터 수익 모델이 복잡해질수록 MCN이 제공하는 서비스 역시 더욱 전문화할 것이다. 동시에 크리에이터 권익 보호 문제 등 제도적 장치 마련도 필요할 전망이다.

MCN의 정의와 발전 과정을 종합해보면, 크리에이터 매니지먼트 체계가 점점 복합적 기능을 갖추어나간 과정이라고 볼 수 있다. MCN은 크리에이터가 시장 영향력을 키우는 데 크게 기여했으며, 광고주와 플랫폼의 요구에 적극 대응하면서 크리에이터 생태계를 성상시켰다. 일부 MCN은 소속 채널 수의 대형화 전략만으로는 지속 가능한 성과를 거두기 어렵다는 지적이 늘어나면서, 업계 특성에 맞춘 데이터 분석 기술과 고유한 기획 역량, 국제적 교류망까지 갖추었다.

향후 MCN은 크리에이터 산업의 중심축이 되거나, 새로운 형태의 커머스와 협업해 전혀 다른 영역으로 확장할 것으로 보인다.

MCN의 핵심 역할

현장에서 MCN의 가장 두드러진 역할은 크리에이터 매니지먼트다. MCN은 소속 크리에이터에게 자체 스튜디오나 전문 인력을 통해 촬영 장소와 장비를 제공하고, 사운드 디자인이나 그래픽 효과, 자막·더빙 등을 지원한다. 크리에이터가 콘텐츠 기획과 제작 아이디어에 집중할 수 있게 뒷받침한다. 또한 활동 데이터를 체크해 콘텐츠 업로드 시점이나 방향성을 조언하며, 플랫폼의 가이드라인과 알고리즘 변화에 대응하도록 도와준다. 크리에이터 채널 운영의 하드웨어·소프트웨어를 보완해주는 것이다.

동시에 브랜드 협업에서 중개자 역할을 한다. MCN은 소속 크리에이터의 성격, 구독자 특성, 장르나 어조를 잘 파악하고 있어, 브랜드가 원하는 마케팅 목표에 맞춰 적절한 채널을 제안하고 협상을 대행한다. 이를 통해 브랜디드 콘텐츠나 PPL, 공동 기획 영상 등의 광고가 이뤄진다. 이 과정에서 MCN은 중개 수수료를 받거나 크리에이터와 수익을 배분한다.

MCN은 콘텐츠 제작 및 저작권 보호 업무에서도 중요한 역할을 맡는다. 빠르게 변화하는 뉴미디어 환경에서 크리에이터는 무단 복제나 표절, 음악 저작권 분쟁 등 다양한 리스크에 노출되어 있다. 이때 MCN은 문제 발생 시 플랫폼이나 권리자, 광고주와 소통해 분쟁을 해결하고, 법률 자문이나 저작권 등록 등의 절차를 체계적으로 도와준다. 또 채널이 광고 친화적인 주제로 꾸준히 운영될 수 있게 특정 키워드나 피해야 할 이슈를 미리 알려주기도 하며, 유해 콘텐츠나 불법 영상이 확산할 경우 플랫폼과 공조해 해당 영상을 신속히 차단한다. 이처럼 크리에이터가 제작 과정에서 겪을 수 있는 관리적·법적 부담을 경감시켜주는 것이 MCN 매니지먼트의 한 축이다.

MCN은 오프라인 대형 프로젝트를 총괄하면서, 크리에이터가 현장에서 팬들과 직접 소통하고 자신을 더 효과적으로 알릴 수 있도록 돕는다. 행사에서 발생하는 수익과 비용은 MCN과 크리에이터가 사전에 계약한 조건에 따라 분배한다. 이를 통해 MCN은 광고 수익 외에도 다양한 오프라인 수익원을 확보하고, 크리에이터는 온라인을 넘어 오프라인 팬덤까지 공고히 한다.

이처럼 MCN은 단순 채널 묶음 이상의 가치를 만들어내기 위해 여러 방면으로 힘쓴다. 플랫폼과 끈끈한 파트너십을 구축해 알고리즘 업데이트나 수익화 정책 변화가 있을 때 소속 크리에이터가 신속히 적응하게 도와주며, 해외 시장 진출을 도와주는 번역·자막·현지화 지원 프로그램도 운영한다. 크리에이터의 IP를 발굴해 캐릭터화하거나 웹툰·출판·드라마·굿즈 등으로 확장해 부가 수익을 내기도 한다. 크리에이터 IP 사업은 라이선싱 계약 체결, 해외 판권 매각, 기업 콜라보 등으로 이어진다. 장기적인 관점에서 MCN과 크리에이터 모두에 안정적 수익원이 된다.

반면, MCN이 지나치게 많은 권한을 쥐거나 계약 절차가 불투명해질 경우 크리에이터와 분쟁이 발생한다. MCN은 세밀한 운영 체계와 전문성을 다져야 실제로 산업을 활성화시키는 주체로 자리잡을 수 있다.

MCN의 비즈니스 모델

MCN의 비즈니스 모델은 다음과 같다. 첫째, 유튜브·틱톡·인스타그램에서 발생하는 광고 수익을 MCN이 관리·정산하면서 수수료를 받는 모델이다. MCN은 해당 채널이 효율적으로 운영되도록 돕는 대가로 일정 지분을 가져간다. 여기엔 라이브 방송의 슈퍼챗, 슈퍼스티커, 멤버십 구독 등 팬덤 기반 수익도 포함된다. 플랫폼의 정책 변경이나 광고 단가의 변동 가능성을 줄이기 위해, 일부 MCN은 여러 플랫폼을 동시 운영하는 멀티 플랫폼 전략을 권장한다.

둘째, 브랜드 광고, 협업 모델이다. MCN은 소속(또는 협력) 크리에이터 풀(Pool)을 기반으로 브랜드와 직접 계약을 체결하고, 브랜디드 콘텐츠나 PPL·이벤트·캠페인을 운영하는 과정에서 일정 수수료나 수익 배분을 받는다. 광고주는 여러 크리에이터가 동시에 캠페인에 참여하는 '패키지 상품'이나 특정 장르·타깃에 특화된 맞춤 제안을 통해 더 큰 마케팅 효과를 얻을 수 있고, 크리에이터는 협상과 행정 절차를 MCN에 맡기면서 안정적인 광고 수익을 거둔다.

셋째, 커머스 사업 모델이다. 이는 최근 MCN 비즈니스 모델의 중요한 축으로 자리 잡았다. 굿즈나 PB(Private Brand, 자체 브랜드) 상품을 기획·생산해 판매하는데, MCN은 제조·유통사와의 협상, 디자인 및 샘플링, 판매 채널 확보, 배송·재고 관리까지 주도적으로 담당한다. 뷰티·패션·푸드 분야 크리에이터의 경우 시그너처 상품을 론칭해 라이브 커머스 방송이나 채널 내 숍 기능을 통해 즉각 판매하는 사례가 늘었다. 이렇게 커머스 수익이 늘어나면, 크리에이터와 MCN 모두 광고 시장 변동에 대한 리스크를 줄이며 이후 굿즈나 PB 상품의 해외 수출, 오프라인 팝업, 장기적인 IP 사업까지 확장할 수 있다.

넷째, IP 사업이다. 크리에이터의 캐릭터나 콘텐츠 포맷에 대한 판권을 확보해 2차 저작물을 만들고, 라이선싱 계약을 통해 추가 수익을 창출하는 방식이다. 인기 크리에이터가 가진 고유 캐릭터나 이미지를 웹툰, 이모티콘, 애니메이션, 출판물 등으로 확장해 부가가치를 만들 때 MCN이 기획 및 판권 협상을 주도하는 식이다. 국내외 플랫폼이나 기업과 라이선싱 파트너십을 맺을 때도 MCN이 법무를 총괄하고 계약 구조를 설계해준다. 크리에이터와 MCN은 IP 활용 범위를 계속 넓히면서 안정적인 매출원을 확보할 수 있다.

다섯째, 오프라인 확장 모델이다. MCN은 크리에이터의 팬 미팅, 공연, 강연, 팝업 이벤트 등 다양한 오프라인 행사를 기획·실행하며, 티켓 판매나 스폰서십, 현장 굿즈 판매 등에서 수익을 얻는다. 이 과정에서 행사 운영 노하우와 인프라를 확보해 또 다른 비즈니스 영역을 개척한다. 최근에는 라이브 커머스와 오프라인 행사를 결합해, 현장에서 스트리밍으로 제품을 판매하는 등 다채로운 시도를 하는 MCN도 늘고 있다.

여섯째, 데이터 분석과 컨설팅 서비스로도 수익을 올린다. 채널 운영에 필요한 알고리즘 분석, 시청자의 관심사 및 행동 데이터 수집, 광고 효율 분석, 글로벌 시장조사 등을 전문화해 브랜드나 광고주에게 유료로 제공하는 모델이다. 전통 광고 대행사처럼 월 단위 고정 수수료를 받고 지속적인 캠페인 최적화를 돕거나, 플랫폼의 변화와 트렌드에 맞춰 콘텐츠 전략을 조정하기도 한다.

MCN의 비즈니스 모델은 광고 기반 수익에서 시작해 커머스와 IP, 오프라인 행사, 데이터 컨설팅 등으로 계속 확장되고 있다. 이는 "크리에이터가 생산하는 무형 자산(콘텐츠·브랜드·팬덤)을 어떻게 다양한 형태의 경제적 가치로 바꿀 것인가"를 고민하는 과정이었다. 다만, 하나의 MCN이 모든 모델을 동시에 성공적으로 수행하기는 어렵다. MCN마다 자신의 장점에 맞는 특화 전략을 선택해야 한다. 뷰티 분야에 집중해 PB 화장품 발매와 라이브 커머스에 주력하는 곳, 굿즈 기획과 팬덤 이벤트에 대한 강점을 살리는 곳, 글로벌 진출이나 IP 수출 컨설팅을 전문으로 하는 곳 등으로 집중하는 식이다.

이 외에도 광고주와 크리에이터는 '투명하고 공정한 정산 체계'와 '전문성'을 원한다. 체계적인 매뉴얼과 노하우를 제대로 갖추고 있는지가 MCN 비즈니스의 성패를 가르는 열쇠다.

MCN은 단순한 '광고 대행'이나 '채널 묶음'을 넘어, 종합 매니지먼트이자 콘텐츠 비즈니스 기획사라는 평가를 받으며, 계속해서 새로운 사업 기회를 만들어가고 있다.

MCN 유형(종합, 특화, 숏폼, 에이전시)과 특징

MCN은 모든 장르와 플랫폼을 포괄하는 종합 MCN, 특정 분야나 카테고리에 특화된 특화 MCN, 숏폼 플랫폼에 집중하는 숏폼 MCN, 그리고 계약 범위와 협업 방식이 자유로운 에이전시형 MCN으로 나뉜다.

종합 MCN은 다양한 카테고리와 플랫폼을 아우르며, 대규모 크리에이터 네트워크를 구축하는 데 초점을 맞춘다. 콘텐츠 장르는 예능, 게임, 먹방, 뷰티, 키즈 등 거의 전 분야를 포괄하고, 크리에이터 소속 인원이 수백에서 1,000명 정도로 규모가 큰 것이 특징이다. 국내에서 가장 먼저 활성화된 형태로, DIA TV(CJ ENM), 샌드박스네트워크, 트레져헌터 등이 대표적이다. 이들은 유튜브, 틱톡, 인스타그램, 아프리카TV 등 다양한 플랫폼에 소속 크리에이터를 보유하고 있으며, 대형 브랜드 광고 캠페인을 진행할 때 여러 채널을 '패키지'로 묶어 시너지를 극대화한다. 종합 MCN은 크리에이터 매니지먼트와 광고 대행, 커머스, 라이브 커머스, 오프라인 행사 기획 등 폭넓은 서비스를 제공하고, 자체 스튜디오와 전문가 그룹을 갖추어 콘텐츠 퀄리티를 높이는 데 주력한다.

특화 MCN은 특정 분야나 장르에 집중해 전문성을 강화한 조직이다. 뷰티 특화 MCN의 경우, 뷰티·패션·라이프스타일 분야 크리에이터를 중심으로 화장품, 미용 기기, 스타일링 노하우 같은 주제를 심층적으로 다룬다. 이들은 해당 분야 제조사·유통사와 긴밀히 협력하며 PB 화장품을 기획하거나, 라이브 커머스 방송에서 특화된 노하우를 발휘한다. 레페리, 아이스크리에이티브, 디밀 등이 국내 특화 MCN의 대표 사례다. 특화 MCN은 큰 규모보다는 '해당 카테고리에서 최적화된 전략과 전문 컨설팅'을 무기로 삼아 브랜드와 크리에이터에게 깊이 있는 솔루션을 제공한다.

숏폼 MCN은 틱톡, 유튜브 쇼츠, 인스타그램 릴스 등 짧은 영상을 올리는 숏폼 플랫폼을 핵심 무대로 삼는다. 숏폼 콘텐츠는 길이가 짧고 시청자 반응이 즉각적이기 때문에, 10분 이상의 롱폼 영상과는 접근 방식이 다르다. 숏폼 MCN은 '숏폼 크리에이터 발굴·육성'에 특화되어, 빠르게 변하는 트렌드와 강렬한 연출, 짧은 시간 내 메시지 전달 노하우 등을 집중적으로 가르친다. 크리에이터가 1분 내외의 짧은 영상으로도 충분한 조회수를 확보할 수 있노록 음악·댄스·밈(meme) 등 유행 요소를 적절히 활용하도록 지도하며, 브랜드 협업도 챌린지 같은 형식으로 진행한다. 국내에는 순이엔터나 숏뜨 같은 곳이 있다. 바이럴 마케팅에 강점이 있어 광고주나 브랜드가 '숏폼 특화 캠페인'을 자주 진행하며, 최근에는 시리즈 형태의 캠페인으로 확장하는 사례도 늘고 있다.

마지막으로, 에이전시형 MCN은 전속 계약 없이 광범위한 크리에이터 풀(pool)을 확보하고, 프로젝트 단위로 브랜드 캠페인을 실행하는 모델이다. 이들은 '소속 크리에이터'만 두는 게 아니라, 개인·소규모 팀으로 활동하는 수백에서 수천 명의 크리에이터를 리스트업해두고 광고주·브랜드가 원하는 일정과 주제, 타깃·예산에 맞춰 적절한 크리에이터를 매칭해준다. 레뷰, 공팔리터, 더에스엠씨 같은 곳이 이런 형태에 가깝다.

에이전시형 MCN은 중개 수수료나 캠페인 관리 비용을 받는 방식으로 운영된다. 광고주가 행사나 제품 론칭, 시즌 캠페인 등 단기 프로젝트 중심으로 빠르게 집행하고 싶을 때 이 모델이 유용하다.

앞서 소개한 MCN 유형은 완전히 분리된 것은 아니며, 어떤 MCN은 종합 MCN이면서도 뷰티·게임 분야에 '특화 부문'을 두거나, 전속 크리에이터 외에 폭넓은 에이전시형 풀(pool)을 운영하기도 한다. 결국 MCN 시장이 커질수록, 각 기업은 자신의 장점을 설정한 뒤 맞춤 서비스로 크리에이터와 브랜드를 끌어들이려 하고 있다.

　이러한 유형별 MCN의 특징을 알아두면, 크리에이터나 광고주 입장에서 자신에게 적합한 MCN을 선택하기가 한결 수월해진다. 예를 들어, 특정 게임에만 올인하는 크리에이터라면 일반적인 종합 MCN보다 게임 특화 MCN에서 디테일한 지원을 받는 편이 낫다. 반면, 여러 분야 채널과 동시에 콜라보 기획을 진행하고 싶은 브랜드라면, 종합 MCN에서 패키지 형태의 프로젝트를 제안받아 운영하는 게 편하다. 숏폼 바이럴이 목표라면 숏폼 MCN이나 에이전시형 MCN과 협업해 짧은 영상 플랫폼에 최적화된 캠페인을 구축할 수 있다.

　종합·특화·숏폼·에이전시라는 네 가지 유형은 MCN 시장의 다채로운 모습을 단적으로 보여준다. 종합 MCN은 규모와 범용성이, 특화 MCN은 특정 분야의 깊이가, 숏폼 MCN은 짧은 영상 경쟁력이, 에이전시형 MCN은 프로젝트 유연성과 폭넓은 연결망이 각각의 강점이다. 이들은 크리에이터 생태계가 계속 성장하고 전문화함에 따라 조금씩 기능이 겹치기도 하지만, 기본적인 사업 방향에서 차이를 보이며 경쟁하거나 협력하기도 한다. 미래에는 라이브 커머스나 IP 확대, 글로벌 진출 등이 더욱 활발해질 것이다. 그 과정에서 MCN이 어떤 유형으로 **특화·융합**해갈지가 크리에이터 산업의 향방을 좌우하는 중요한 요인이 될 것으로 보인다.

▶ 요약 정리

MCN은 디지털 콘텐츠 시장의 확장과 함께 등장한 조직 형태로, 크리에이터를 지원하고 광고주·플랫폼과의 연결을 돕는 매개체 역할을 해왔다. 초기에는 단순한 채널 묶음에서 출발했지만, 점차 매니지먼트, 커머스, IP 비즈니스, 오프라인 행사 등으로 기능이 확대되며 콘텐츠 산업의 핵심 인프라로 자리 잡았다. MCN의 유형은 종합, 특화, 숏폼, 에이전시형으로 나뉘며, 각기 다른 전략과 서비스를 통해 크리에이터와 브랜드를 지원한다. 그러나 모든 모델이 성공적인 것은 아니며, 계약의 투명성, 전문성, 사업 지속성에 따라 MCN의 경쟁력이 갈린다. 크리에이터 입장에서도 자신의 방향성과 잘 맞는 MCN을 고르는 것이 중요하다

▶ 용어 설명

- MCN: 다수의 크리에이터 채널을 묶어 관리하고 지원하는 디지털 콘텐츠 조직을 말함
- 브랜디드 콘텐츠: 브랜드 메시지를 자연스럽게 담은 콘텐츠형 광고 형식을 뜻함
- PB 상품: 자체 브랜드로 기획·제조해 판매하는 상품을 말함
- 에이전시형 MCN: 전속 계약 없이 프로젝트 단위로 크리에이터와 브랜드를 연결하는 유연한 구조의 MCN을 의미함
- 숏폼 MCN: 짧은 영상 플랫폼에 특화된 크리에이터를 육성하고 지원하는 조직을 말함

▶ 토론 문제

- MCN이 단순한 광고 대행을 넘어 산업 인프라로 기능하기 위해 갖추어야 할 조건에 대해 토론해보자.
- 크리에이터 생태계에서 MCN이 수행해야 할 역할과 한계에 대해 토론해보자.

▶ 과제 예시

- 현재 국내에서 활동 중인 MCN 3곳을 조사하고, 각각의 주요 사업 모델과 강점을 비교한 보고서를 작성하시오.

▶ MCN 이해를 위한 체크리스트

- MCN의 기본 역할과 발전 과정을 정확히 이해했는지 점검할 것
- 종합형, 특화형, 숏폼형, 에이전시형 MCN의 구조적 차이를 구별할 것
- MCN의 수익 모델이 어떻게 구성되는지 항목별로 정리해볼 것
- MCN이 크리에이터에게 제공하는 주요 서비스 항목과 실제 사례를 조사해볼 것
- 자신의 콘텐츠 유형에 적합한 MCN 유형은 무엇인지 생각해볼 것

III. / 크리에이터의 수익 모델, 어디서 어떻게 벌까

5.

광고 없이도
수익을 만드는 기본 구조

플랫폼 광고 수익

유튜브의 광고 수익 모델은 단순한 콘텐츠 제작을 넘어 체계적인 데이터 분석과 세밀한 전략 수립을 통해 극대화할 수 있는 복합적인 구조를 갖는다. 크리에이터는 영상의 조회수, 시청 시간 그리고 평균 조회율 같은 다양한 지표를 바탕으로 광고 수익을 산정받으며, 이 과정에서 시청자의 인구통계학적 특성, 지역, 연령, 성별 등 세부 데이터를 기반으로 광고 단가가 결정된다. 특정 국가나 프리미엄 타깃 그룹을 대상으로 한 광고의 경우 단가를 상당히 높게 책정하기 때문에 크리에이터는 자신이 제공하는 콘텐츠의 특성과 타깃 시청자층을 분석해 보다 높은 광고 단가를 유도할 수 있는 콘텐츠 전략을 수립해야 한다. 특정 관심 분야나 전문성을 갖춘 콘텐츠는 광고주들에게 더욱 매력적으로 다가가 광고 수익을 높인다.

또한 유튜브는 인공지능 기반 알고리즘을 활용해 콘텐츠 주제, 태그, 시청자 반응, 체류 시간을 정밀하게 분석하고, 이 데이터를 바탕으로 광고주 매칭을 최적화한다. 이 알고리즘은 광고가 시청자의 경험을 방해하지 않는 구간에 들어가도록 설계되어 있다. 두 인물 간의 대화 중간에 광고가 삽입되지 않게 만드는 등 시청 환경을 최대한 고려한다. 이런 최적화 시스템 덕분에 크리에이터는 콘텐츠 편집 및 구성 전략을 세밀하게 다듬어, 시청자 참여와 광고 노출의 질을 높일 수 있다.

유튜브에서는 영상 길이가 8분을 넘어야 미드롤 광고, 즉 중간 광고를 삽입할 수 있다. 미드롤 광고가 추가되면 광고 수익은 1.5배에서 3배까지 증가한다. 구글 입장에서는 광고 수익이 높은 영상을 '돈이 되는 영상'으로 인식해 해당 영상의 노출도와 추천 우선순위가 상승한다. 따라서 광고 수익을 생각하면 영상의 길이를 8분 이상으로 만드는 것이 좋다.

페이스북은 동영상, 라이브, 스토리 등 다양한 포맷에 광고를 삽입한다. 연령, 성별, 지역, 관심사 기반의 정교한 타기팅을 통해 특정 인구 집단을 대상으로 한 프리미엄 광고 집행이 가능하다. 예를 들어, 요리 콘텐츠를 운영하는 크리에이터는 자신의 조회수와 반응 데이터를 바탕으로 '건강식에 관심 있는 25~35세 서울 거주 주부층' 같은 구체적인 타깃을 설정할 수 있다. 이렇게 정밀한 타기팅이 가능하면 광고주는 더 높은 광고 단가를 지불할 의향이 생기고, 크리에이터는 일반 광고보다 높은 단가와 수익을 기대할 수 있다.

틱톡은 한국에서 크리에이터 리워즈 프로그램을 통해 수익을 지원한다. 2025년 기준, 팔로워 1만 명 이상, 최근 30일 이내 영상 조회수 10만 회 이상인 크리에이터가 1분 이상의 오리지널 콘텐츠를 제작할 때 재생 시간, 시청자 반응, 검색 가치 등을 기반으로 보상을 지급하는 프로그램이다. 한국 크리에이터들은 틱톡원(TikTok One) 플랫폼을 통한 브랜드 협업과 라이브 방송을 활용한 기프트 수익 등을 통해 안정적인 수익을 창출할 수 있다.

크리에이터는 영상 길이, 시청 완료율, 타깃 시청자 분석 등 세밀한 요소를 최적화해 각 플랫폼의 수익화 조건을 충족하고, 브랜드와의 협업을 유도하는 수익성 높은 콘텐츠를 제작해야 한다.

후원 및 멤버십 모델 운영법

후원과 멤버십은 플랫폼 광고 수익 외의 새로운 수익원을 만들고, 팬과의 관계를 더욱 긴밀히 이어준다. 후원은 라이브 스트리밍 중 실시간으로 금전적 지지를 보내는 방식인데, 유튜브에서는 '슈퍼챗'과 '슈퍼스티커' 기능이 대표적이다. 팬은 단순히 후원만 하는 것이 아니라, 메시지를 보내고 크리에이터가 이를 읽어주며 반응하는 과정을 통해 콘텐츠에 적극적으로 참여한다. 멤버십 모델은 월정액 기반으로, 정기적인 금액을 지불한 팬에게 전용 콘텐츠, 비하인드 영상, 조기 공개, 굿즈 혜택 등의 다양한 보상을 제공한다. 멤버십은 예측 가능한 수익 구조를 만들고, 충성도 높은 팬층을 구축하는 데 유리하다.

이러한 구조를 가장 효과적으로 활용한 사례 중 하나가 유튜버 진용진이다. 그는 〈없는 영화〉 같은 창의적인 콘텐츠를 통해 대중의 관심을 모았고, 멤버십을 통해 팬과의 결속을 강화했다. 진용진 채널의 멤버십은 총 세 단계로 운영된다. Crew 등급(월 4,990원)은 무삭제 영상, 다음 에피소드 미리 보기, 채팅용 이모티콘, 가입 기간에 따라 바뀌는 배지 등을 제공하고, Master 등급(월 18,000원)부터는 독점 실시간 라이브, 제작 과정 공유, 콘텐츠 구상 참여 기회까지 얻을 수 있다. 최고 등급인 VIP(월 60만 원)는 콘텐츠 크레딧

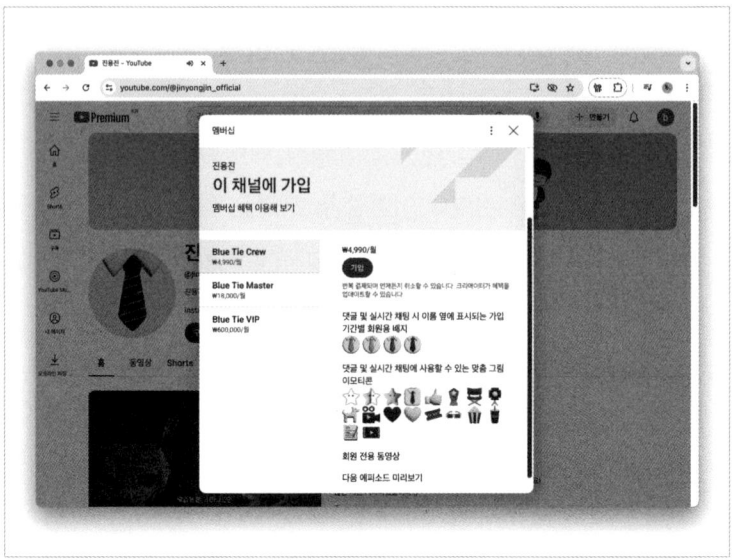

(그림 2) 유튜브 멤버십 가입 소개(채널 '진용진')

에 '공동 제공'으로 이름이 올라가고, 굿즈 우선 배송, VIP 시사회 초대 등 실질적 혜택이 주어진다. 진용진은 멤버십 가입자 수 7만 명을 기록해 한때 세계 1위에 올랐고, 유튜브 수수료를 제외한 월 실수익이 2억 4,000만 원에 달했다. 이 수익 대부분을 콘텐츠 제작에 재투자하면서, 팬과의 신뢰를 더욱 공고히 다졌다.

멤버십 모델은 단순한 콘텐츠 소비를 넘어, 팬이 '참여자'이자 '후원자'로 기능하게 만든다는 점에서 중요한 의미를 지닌다. 실제로 시사·정치 유튜브 채널에서도 강력한 팬덤을 기반으로 한 후원 및 멤버십 모델이 활발히 운영되고 있다. 정치적 입장이나 이슈에 따라 팬의 자발적 후원이 몰리는 현상은, 콘텐츠의 독립성과 충성도 높은 커뮤니티 형성이라는 두 가지 목표를 동시에 실현하는 데 큰 역할을 하고 있다. 이처럼 후원과 멤버십 모델은 단순한 수익 수단을 넘어, 콘텐츠 제작자와 소비자 관계를 새롭게 설계하는 중요한 전략이다.

▶ 요약 정리

플랫폼 광고 수익은 영상 길이, 시청자 특성, 콘텐츠 주제에 따라 단가가 달라지므로 전략적 분석이 필수다. 유튜브, 페이스북, 틱톡 등 플랫폼마다 수익 구조가 다르다. 특히 유튜브는 8분 이상의 영상에서 중간 광고 삽입이 가능해 수익에 큰 영향을 준다. 광고 외에도 후원과 멤버십은 예측 가능한 수익과 팬덤 기반 커뮤니티를 형성하는 핵심 구조로 주목받고 있다. 진용진의 사례처럼 충성도 높은 팬과 정기적인 수익 모델을 구축하면, 크리에이터는 더욱 자율적이고 창의적인 콘텐츠 운영이 가능해진다.

▶ 용어 설명

- 플랫폼 광고 수익: 플랫폼이 콘텐츠 영상에 광고를 삽입하고, 이에 따라 발생한 수익을 크리에이터에게 분배하는 구조를 말함
- 슈퍼챗: 유튜브 라이브 방송 중 시청자가 돈을 지불하고 메시지를 노출시키는 후원 방식을 말함
- 유튜브 멤버십: 월정액을 지불한 회원에게만 제공하는 전용 콘텐츠 및 혜택 시스템을 의미함
- 미드롤 광고: 영상 중간에 삽입하는 광고로, 보통 영상 길이가 8분 이상일 때 적용 가능함
- 틱톡 리워즈 프로그램: 일정 조건을 충족한 크리에이터에게 조회수 및 반응에 따라 보상을 제공하는 틱톡의 수익 분배 제도를 말함

▶ 토론 문제

후원과 멤버십이 플랫폼 광고 수익 모델을 보완하는 방식은 어떻게 다를까? 크리에이터 입장에서 이 두 모델의 장단점을 비교해보자

▶ 과제 예시

자신이 좋아하는 크리에이터 한 명을 선정해, 해당 채널의 후원 및 멤버십 운영 방식과 그 구조적 특징을 조사해보자.

▶ 수익 구조 최적화를 위한 체크리스트

- 유튜브 영상의 길이가 8분 이상인지 확인할 것
- 타깃 시청자의 연령, 지역, 관심사를 분석했는지 점검할 것
- 멤버십 전용 콘텐츠의 유무와 제공 방식을 점검할 것
- 후원 유도 장치(라이브, 댓글 참여 등)가 콘텐츠에 반영되었는지 확인할 것
- 광고 단가가 높은 주제나 키워드와 콘텐츠의 연관성을 검토할 것

# 6.

광고 협찬과
브랜디드 콘텐츠의
전략

광고 협찬: 브랜디드 콘텐츠, PPL

광고 협찬은 크리에이터가 브랜드와 전략적 제휴를 통해 추가적인 수익과 신뢰도를 동시에 확보할 수 있는 중요한 수익 모델이다.

크리에이터가 특정 브랜드와 협력해 해당 브랜드의 제품이나 서비스를 콘텐츠에서 소개하는 모든 형태의 협업을 의미한다. 대표적으로 제품 리뷰, 체험 영상, 언박싱 콘텐츠 등이 있으며, 브랜드 메시지와 가치를 자연스럽게 통합한 브랜디드 콘텐츠도 포함된다.

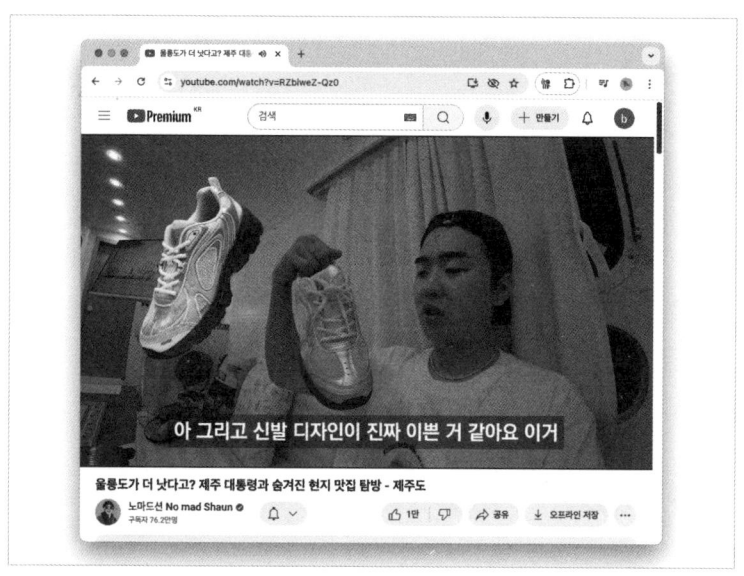

(그림 3) 브랜디드 콘텐츠 예시(채널 '노마드션' x 운동화)

　브랜디드 콘텐츠(Branded Contents)는 단순히 광고를 삽입하거나 상품을 소개하는 수준을 넘어, 크리에이터의 채널 색깔과 연출 스타일을 유지한 채 브랜드의 의도를 효과적으로 반영하는 콘텐츠다. 광고 협찬의 한 유형이자 확장된 형태다. 유튜브 협찬 콘텐츠 중 상당수는 브랜디드 콘텐츠 형식으로 제작된다. 광고 효과와 동시에 콘텐츠의 몰입도도 함께 고려한다는 점에서 활용도가 높다.
　PPL(Product Placement)은 콘텐츠 내에 특정 제품이나 브랜드를 간접적으로 노출시키는 광고 기법이다. 콘텐츠의 흐름을 해치지

(그림 4) PPL 예시(채널 '매불쇼' x 꽃 배달 서비스)

않으면서도 자연스럽게 제품이 등장해 시청자에게 긍정적인 인식을 유도한다. PPL은 원래 TV 드라마나 영화에서 시작된 개념으로, 일정한 광고 규제 아래에서 직접적인 광고 표현을 피하고 상품을 '배치하는 것'에 그치는 방식이 많았다. 예를 들어, 배우가 사용하는 핸드폰이나 식탁 위에 놓인 음료수처럼 시각적으로만 존재감을 주는 것이 일반적이었다.

그러나 유튜브에서는 상대적으로 규제가 느슨하고 창작의 자유도가 높기 때문에 단순한 제품 배치 수준을 넘어서 크리에이터가 해당 제품에 대한 언급을 하거나 스토리의 일부로 적극 활용하는 경우가 많아졌다. 실질적으로는 브랜드의 메시지를 주도적으로 전달하고 있는 브랜디드 콘텐츠임에도 불구하고, 관습적으로 'PPL'로 불리는 경우도 종종 있었다.

브랜디드 콘텐츠, PPL은 개념상 유사한 지점이 있지만, 실제는 콘텐츠 구성 방식과 브랜드 메시지 전달 수준, 크리에이터의 개입 정도에 따라 구분해야 한다.

브랜디드 콘텐츠는 단순히 제품을 등장시키는 것에 그치지 않고, 콘텐츠의 주제와 내러티브 전반에 브랜드를 유기적으로 결합하는 고도화한 협업 형식이라는 점에서, 전통적인 PPL과는 확연히 구분된다.

성공하는 광고 협찬 콘텐츠를 만들기 위해 크리에이터는 다음과 같은 네 가지 핵심 전략을 적용해야 한다.

첫째, 콘텐츠 기획 단계부터 협찬 브랜드의 가치와 이미지, 그리고 전달하고자 하는 메시지가 자신의 콘텐츠와 긴밀하게 일치하도록 전략을 수립해야 한다. 브랜드와 사전 미팅을 통해 제품의 주요 특징, 타깃 소비자층, 브랜드가 전달하고자 하는 핵심 메시지를 정확히 이해한 후, 이를 자연스럽게 녹여낸 스토리텔링과 콘텐츠 구성 방안을 마련해야 한다. 이 과정은 단순히 광고 문구를 삽입하는 것을 넘어, 브랜드 아이덴티티와 크리에이터의 콘텐츠가 서로 보완하며 시너지를 만드는 데 목적이 있다.

둘째, 단발적 협찬이 아닌 브랜드와 장기적 파트너십을 구축하려면 투명하고 지속적인 커뮤니케이션 체계를 마련해야 한다. 협찬이 진행된 후에도 크리에이터는 조회수, 참여도, 전환율 등 성과 지표를 정량적으로 분석하고, 이를 바탕으로 브랜드와 정기적으로 피드백을 주고받는 것이 좋다. 체계적인 성과 관리와 피드백은 협찬 브랜드와 신뢰를 쌓아 향후 지속적인 지원과 추가 협업 기회를 이끌어내는 기반이 된다.

셋째, 시청자의 콘텐츠 경험을 최우선으로 고려해 광고 협찬의 빈도와 배치 위치를 면밀하게 계획하고 조정해야 한다. 과도한 광고 삽입이나 부자연스러운 제품 노출은 오히려 부정적인 영향을 준다. 콘텐츠의 흐름 속에 브랜드 요소를 은은하게 통합하는 편집 전략이 필요하다. 예를 들어, 모닝 루틴 영상에서 세안 후 스킨케어 제품을 자연스럽게 사용하거나, 요리 콘텐츠에서 레시피 진행 과정 중 조리 도구를 실제 활용하는 방식이다. 이렇게 일상적 상황이나 스토리 전개 속에 제품 사용 장면을 배치함으로써, 시청자가 브랜드 메시지를 거부감 없이 받아들일 수 있게 만들어야 한다.

마지막으로, 협찬 콘텐츠의 효과를 지속적으로 개선하기 위해 데이터 분석 도구를 적극 활용해 콘텐츠 업로드 후의 성과를 정량적으로 평가한다. 어떤 형태의 협찬 콘텐츠가 시청자에게 긍정적인 반응을 이끌어내는지 분석해야 한다. 이를 통해 크리에이터는 시장 동향과 소비자 트렌드에 유연하게 대응하며, 향후 브랜드 협업 전략을 지속적으로 보완해나갈 수 있다.

브랜디드 콘텐츠와 PPL은 크리에이터에게 단순 광고 수익 이상의 부가 가치를 제공하며, 콘텐츠의 다양성과 브랜드 정체성을 강화하는 데 크게 이바지한다.

▶ 요약 정리

광고 협찬은 브랜드와 크리에이터가 협업해서 콘텐츠 속에 브랜드 메시지를 녹여 수익을 창출하는 중요한 방식이다. 특히 브랜디드 콘텐츠는 단순 제품 노출을 넘어, 콘텐츠의 주제와 내러티브에 브랜드가 유기적으로 결합되어 몰입도와 광고 효과를 동시에 높인다. PPL과 구분되는 브랜디드 콘텐츠는 크리에이터의 창의성과 브랜드의 메시지를 자연스럽게 연결할 때 높은 신뢰도와 반응을 얻는다. 협찬 성공 전략으로는 브랜드와 메시지 조율, 장기적 파트너십, 시청자 경험 고려, 성과 분석 등이 있으며, 이는 크리에이터의 지속 가능성과 브랜드의 이미지 강화에 모두 기여한다.

▶ 용어 설명

- 광고 협찬: 크리에이터가 브랜드의 제품이나 서비스를 콘텐츠에 포함시켜 소개하고 대가를 받는 협업을 말함
- 브랜디드 콘텐츠: 콘텐츠의 내러티브와 형식 안에 브랜드 메시지를 자연스럽게 통합하는 콘텐츠 마케팅 방식임
- PPL: 콘텐츠 안에서 특정 제품이나 브랜드를 간접적으로 노출시키는 광고 기법을 의미함
- 파트너십 콘텐츠: 크리에이터와 브랜드가 공동 목표를 갖고 장기적으로 협업하는 형태의 콘텐츠를 뜻함
- 성과 분석: 콘텐츠 업로드 후 조회수, 클릭률, 전환율 등 정량적 데이

터를 기반으로 협찬 효과를 평가하는 과정을 말함

▶ 토론 문제

브랜디드 콘텐츠가 일반 광고와 가장 크게 차별화되는 지점은 무엇인가? 시청자 입장에서 느껴지는 차이를 중심으로 토론해보자.

▶ 과제 예시

브랜디드 콘텐츠 사례를 한 편 선정해, 브랜드 메시지와 크리에이터 콘텐츠의 결합 방식 및 효과를 분석해보자.

▶ 브랜디드 콘텐츠 전략 수립을 위한 체크리스트

- 브랜드 메시지와 콘텐츠 주제가 자연스럽게 결합되었는지 점검할 것
- 제품 노출 위치와 빈도가 콘텐츠 흐름을 해치지 않는지 확인할 것
- 단기적 협찬이 아닌 장기적 파트너십 구축 가능성을 고려했는지 검토할 것
- 콘텐츠 업로드 후 시청자 반응과 성과 데이터를 분석하고 보고할 것
- 브랜드와 사전 조율한 스토리텔링 구조를 콘텐츠에 반영했는지 확인할 것

7.

굿즈와 브랜드로
확장하는 방법

굿즈 제작과 유통 과정 가이드

디지털 콘텐츠 소비가 주류로 자리 잡은 현재, 물리적 굿즈는 팬에게 자신이 좋아하는 크리에이터와 직접 연결되는 느낌을 제공하며, 온라인상의 관계를 현실 세계로 확장하는 역할을 한다.

    굿즈 제작에서 가장 중요한 것은 소장 욕구를 느낄 만한 굿즈 아이템을 기획해야 한다는 점이다. 일상 브이로그를 주로 제작하는 크리에이터라면 문구류, 텀블러, 다이어리 등 일상 제품군을 중심으로 아이템을 선정하고, 게임 스트리머라면 게이밍 마우스 패드, 키보드 커버, 헤드셋 같은 아이템이 적합하다.

아이템을 선정한 후에는 굿즈 디자인 및 브랜딩 단계로 넘어간다. 굿즈 디자인은 전문 디자이너와 협력하는 경우가 일반적이지만, 직접 디자인하거나 팬 공모전을 열어서 디자인을 확보할 수도 있다. 캐릭터, 채널 로고, 자주 사용하는 멘트 등 친숙한 요소를 굿즈 디자인에 적극적으로 활용해 애착을 높이는 것이 좋다.

여행 크리에이터라면 세계지도나 랜드마크 이미지를 활용한 디자인을, 마술 크리에이터라면 카드, 마술 도구 실루엣, 대표 연출 장면 등을 모티프로 디자인을 확장하는 식이다.

굿즈 생산 단계에서는 수량, 품질, 가격을 최적화하는 것이 핵심이다. 소규모 크리에이터라면 굿즈 제작에 필요한 초기 비용과 재고 부담을 최소화하기 위해 주문형 제작 서비스(Print on Demand, POD)를 활용하는 것이 유리하다. POD 방식은 주문이 접수된 이후에만 생산을 진행하기 때문에 재고 부담이 거의 없으며, 초기 비용 없이 다양한 상품군을 실험적으로 출시해 반응을 살펴볼 수 있다.

반면, 대형 크리에이터는 OEM 또는 ODM 방식을 통해 대량 생산으로 비용을 절감하고, 엄격한 품질 관리를 통해 브랜드 가치에 맞는 제품을 만들어내야 한다.

굿즈 유통은 판매 채널 선택이 중요하다. 초기에는 진입 장벽이 낮고 결제 및 배송 시스템이 안정적인 네이버 스마트스토어, 마플샵, 아이디어스 등 전문 플랫폼을 활용한다. 소셜미디어에서 제공하는 쇼핑 기능을 활용하면 팬들에게 더욱 쉽게 굿즈를 노출하고 판매할 수 있다. 유튜브 쇼핑은 동영상 하단이나 라이브 스트리밍 중 바로 굿즈 판매 링크를 삽입할 수 있다. 인스타그램은 피드 게시물이나 스토리에 제품을 태그해 팬들이 빠르게 구매 페이지로 이동할 수 있게 한다. 이러한 소셜미디어의 쇼핑 기능은 구매 전환율을 크게 높여준다.

마지막으로, 굿즈의 마케팅과 홍보 전략도 꼼꼼하게 세워야 한다. 출시 전 티저 영상이나 스토리 콘텐츠를 제작해 기대감을 높이고, 출시 당일 라이브 커머스나 실시간 이벤트를 개최해 팬덤의 참여를 유도한다. 굿즈 제작 과정을 콘텐츠로 만들어 공유하는 것도 방법이다. 직접 사용하거나 착용한 모습을 영상과 사진으로 공유하고, 팬들의 구매 인증 사진을 SNS에 적극적으로 소개함으로써 참여를 더욱 활성화할 수 있다.

굿즈 제작과 유통은 단순한 상품 판매가 아닌 크리에이터의 브랜드 확장과 팬덤 강화라는 전략적 목표 아래 기획부터 마케팅까지 전 과정을 일관되게 연결해야 성공할 수 있다.

자체 브랜드 론칭 성공 전략

자체 브랜드(PB, Private Brand)는 크리에이터가 직접 제품 기획부터 생산과 판매까지 관리하는 독립적인 브랜드를 의미한다. PB는 팬덤을 넘어 일반 소비자까지 공략할 수 있는 강력한 확장성을 지닌다. 이에 따라 PB를 성공적으로 론칭하려면 철저한 사전 기획과 브랜딩 전략, 그리고 전문적인 운영 체계를 갖춰야 한다.

첫째, PB 론칭 시 가장 중요한 작업은 브랜드 정체성을 정의하는 것이다. 브랜드 정체성은 크리에이터의 콘텐츠와 개인적 가치관, 그리고 팬들이 공감할 수 있는 메시지가 조화롭게 어우러져야 한다. 여행 크리에이터라면 '자유로운 라이프스타일' '모험과 도전' '일상에서의 작은 행복' 같은 감성적이고 철학적인 메시지를 브랜드에 담는 식이다. 여행 크리에이터 원지가 론칭한 브랜드 '호롤로'는 여행의 감성과 자유로운 분위기를 제품에 녹여내 팬덤은 물론 일반 소비자에게까지 브랜드의 매력을 어필하는 데 성공했다. 명확하고 매력적인 브랜드 정체성은 시장에서의 차별성을 높이는 핵심 요소다.

둘째, 브랜드 론칭 과정에서 팬덤의 참여를 적극적으로 유도한다. 팬 참여 전략은 브랜드에 대한 팬의 소속감과 로열티를 높이는 동시에 브랜드 론칭 초기에 강력한 바이럴 마케팅 효과를 만든다. 제품 개발 초기 단계부터 팬 투표로 최종 디자인을 결정하거나 팬이 제안한 아이디어를 반영해 제품명을 선정하는 방식도 좋다. 이렇게 형성된 참여 경험은 팬을 자발적인 브랜드 홍보 대사로 이끌어준다.

셋째, 제품 라인업과 가격 전략은 타깃 고객층의 소비 성향과 시장 내 경쟁 상황을 면밀히 분석한 뒤 수립한다. 초기에는 가격 부담이 적고 실용성이 높은 제품을 중심으로 구성해 진입 장벽을 낮추고 브랜드에 대한 첫 경험을 유도하는 것이 효과적이다. 뷰티 크리에이터의 경우, 미스트·쿠션·립스틱 등 단품 중심의 기초 제품으로 출발해 팬의 구매 진입점을 만들고, 이후 컬러 톤이나 피부 타입별로 확장된 라인을 추가하며 제품군을 확장해 나간다. 이런 단계별 확장은 브랜드에 대한 충성도를 높이는 동시에, 제품군 간의 자연스러운 연결을 통해 반복 구매와 재구매를 유도하는 전략이다.

넷째, 크리에이터의 개인적 영향력과 소셜미디어 마케팅 전략을 적극적으로 결합해 브랜드 론칭 초기에 마케팅 효과를 극대화한다. 초기 브랜드 인지도를 빠르게 높이는 동시에 마케팅 비용을 절감하고, 제품 출시 초기에 즉각적인 판매 성과로 이어질 가능성을 높인다.

다섯째, 자체 브랜드가 지속적으로 성공하려면 운영과 고객 관리 시스템을 갖춰야 한다. 주문, 재고, 배송 등 핵심 업무는 이커머스 플랫폼을 통해 자동화하고, 물류 대행 서비스를 활용해 효율적으로 처리한다. 또한 고객의 구매 이력과 문의 내용을 관리할 수 있는 CRM(Customer Relationship Management, 고객 관계 관리) 체계를 통해, 재구매를 유도하거나 개인 맞춤 혜택을 제공하는 전략이 필요하다. 이러한 시스템은 팬심 소비를 반복 구매로 전환하고, 브랜드 충성도를 높이는 기반이 된다.

마지막으로, 고객 경험이 긍정적이 되도록 세심하게 관리해야 한다. 고객 경험은 제품의 포장 및 배송 과정에서도 형성된다. 제품 포장 디자인뿐 아니라 택배 박스, 내부 완충재, 안내 카드 등 포장 및 배송 전반에서 브랜드의 철학과 정체성을 일관되게 전달하는 세심한 기획이 필요하다. 특히 배송 과정에서의 안정성 확보는 제품 손상이나 배송 지연으로 인한 부정적 고객 경험을 예방하는 중요한 요소다. 고객이 제품에 만족하지 못했거나 문제가 발생했을 때 즉각적으로 대응할 수 있는 사후 관리 체계를 명확하게 준비해야 한다.

OEM과 ODM을 활용한 브랜드 확장 전략

OEM(Original Equipment Manufacturing, 주문자 상표 부착 생산)은 크리에이터가 직접 제품의 기획 및 디자인, 설계를 담당하고 생산만 전문 제조 공장에 위탁해 최종 제품에 자신의 브랜드를 붙여 판매하는 방식이다. 크리에이터가 제품의 기획과 품질 기준을 주도하기 때문에 브랜드만의 독창적인 특징과 개성을 최대한 담을 수 있으며, 전문 제조 기업을 통해 생산함으로써 안정적인 품질과 생산량을 확보할 수 있다.

ODM(Original Design Manufacturing, 제조자 개발 생산)은 제조 전문 기업이 제품의 기획, 디자인, 개발 및 생산 전 과정을 담당하고, 크리에이터는 이미 완성된 제품에 자신의 브랜드만 부착해 판매하는 형태다. 크리에이터 입장에서는 비교적 적은 투자와 빠른 속도로 시장에 진입할 수 있는 강점이 있다. 그러나 OEM에 비해 제품 자체의 독창성이나 차별화가 낮아진다는 한계가 있다.

한국 시장에서는 특히 국내 뷰티 산업에서 OEM·ODM 활용이 활발하다. 제조 설비나 연구 인력이 부족한 신규 브랜드들도 OEM·ODM 전문 기업을 통해 세계적 수준의 품질과 다양한 제품군을 빠르게 확보해 시장에 진출할 수 있었다.

국내 대표 화장품 ODM 기업인 한국콜마와 코스맥스는 수많은 크리에이터 브랜드와 협력해 브랜드 콘셉트와 크리에이터의 독창성을 반영한 다양한 제품군을 출시해 시장의 큰 반응을 이끌어냈다.

건강 기능 식품 분야에서도 OEM과 ODM 모델이 일반적으로 활용되고 있다. 신생 브랜드는 직접 제품을 연구·개발하거나 제조 시설을 갖추기 어려운 경우가 많다. 원료의 선택부터 배합, 품질관리 및 인증 절차까지 전문 기업의 도움을 받아 브랜드 가치를 높이고 있다. 한국에서는 콜라겐, 유산균, 다이어트 보조제 등 다양한 제품군에서 ODM 방식이 활성화되어 있으며, 생산부터 유통까지 전 과정에서 철저한 관리와 인증을 지원받아 출시한다.

밀키트 분야 역시 OEM 모델의 대표적인 성공 사례다. 밀키트는 신선 식품을 기반으로 한 제품 특성상 제조 공정의 품질관리와 유통 과정에서의 안정성이 중요하다. 크리에이터가 독창적인 레시피와 식품 콘셉트를 개발한 후 실제 제조는 생산과 품질관리가 검증된 전문 밀키트 제조업체에 위탁해 제품을 생산하고 판매하는 경우가 많다.

OEM·ODM 생산 시 가장 중요한 것은 제조 기업의 선정과 철저한 관리다. 가격 경쟁력만으로 제조사를 선택할 경우, 품질관리 실패나 제품 공급 지연 등 여러 문제가 발생할 수 있다. 제조업체를 선정할 때는 제조 설비, 품질 인증, 관리 시스템, 그리고 과거 협업 사례를 체크해야 한다. 제품 판매 중에도 정기적으로 생산 공정을 점검하거나 품질 보고서를 요구해 브랜드의 신뢰도와 제품의 안정성을 확보할 필요가 있다.

크리에이터 브랜드 운영 체크리스트

자체 브랜드, 즉 PB를 성공적으로 운영하기 위해서는 법적·행정적 요소를 포함한 실무적 측면까지 철저히 점검하고 관리해야 한다. 브랜드 운영을 시작할 때 가장 우선적으로 고려해야 하는 것은 사업자 등록과 관련한 행정 신고 절차다. 기본적으로 개인 사업자나 법인 사업자로 등록을 해야 하며, 온라인을 통해 상품과 제품을 판매한다면 통신판매업 신고까지 마쳐야 한다.

식음료, 화장품, 건강 기능 식품 등의 제품을 다룰 때는 관련 법령에 따라 별도의 추가 허가나 신고도 필요하다. 화장품을 만들려면 식약처에 화장품 제조·판매업 등록을 해야 하며, 건강 기능 식품은 식약처에서 건강기능식품판매업 신고를 해야 한다. 법적 신고나 허가 절차는 제품 제작 전 미리 진행해둬야 법적 리스크를 줄일 수 있다.

브랜드의 법적 보호 또한 중요하다. 브랜드명과 로고, 슬로건, 제품 디자인 같은 핵심 요소는 지식재산권으로 보호받게 등록해야 한다. 특허청에서 브랜드명과 로고 디자인에 대한 상표권을 등록하고, 디자인권 및 특허 등록까지 진행하면 추후 발생할 수 있는 분쟁을 막을 수 있다.

크리에이터 본인의 콘텐츠나 캐릭터를 활용해 브랜드 제품을 기획하고 출시할 경우, 캐릭터의 라이선스 계약과 저작권 관리가 중요한 요소다. 콘텐츠 IP를 활용할 때는 저작권 계약서를 작성해 권리 관계를 명확히 하고, 계약 위반 시의 법적 책임 소재를 사전에 명시해 법적 분쟁을 방지한다.

제품 생산과 유통 계약도 항목을 꼼꼼히 점검해 진행한다. 계약서에는 품질 기준, 납기일, 원재료 관리, 불량률 처리 방침 등의 항목을 상세히 규정해야 한다. 무엇보다 제품의 품질로 인한 논란이 생기지 않도록 체크하는 것이 중요하다.

온라인 쇼핑몰 등에서 유통 계약 시에도 수수료 비율, 정산 일정, 반품 및 환불 정책 등을 구체적으로 협의하고 계약서에 명시해 브랜드 운영 과정에서의 세부적 리스크를 최소화해야 한다.

이 외에 중요한 것은 고객 개인정보 관리 부분이다. 제품 판매 과정에서는 고객의 결제 정보뿐 아니라 주소, 연락처, 이메일 등 다양한 개인정보를 수집하고 관리하게 된다.

고객의 개인정보를 수집할 때는 고객의 동의를 얻고, 이를 위해 개인정보 수집과 이용 목적을 분명히 공지한다. 개인정보 처리 방침을 홈페이지나 쇼핑몰 내에서 누구나 쉽게 확인할 수 있도록 공개하고, 개인정보 보호 책임자를 지정해 관리 책임과 연락처를 안내해야 한다. 고객의 개인정보가 외부에 유출되거나 부적절하게 사용되지 않도록 데이터 암호화, 접근 권한 관리, 보안 프로그램 설치 등 기술적·관리적 보안 조치도 철저하게 해야 한다. 또한 고객 개인정보의 보유 기간을 명시하고 보유 기간이 경과한 개인정보는 즉시 파기해 법적 요구 사항을 준수해야 한다. 이를 정기적으로 점검하고 관리하는 시스템도 필요하다.

▶ 요약 정리

굿즈와 자체 브랜드는 크리에이터의 팬덤을 기반으로 한 수익 확장의 핵심 전략이다. 굿즈는 팬과의 연결을 현실로 확장하는 매개이며, PB는 팬덤을 넘어 일반 소비자까지 아우르는 브랜드 자산으로 발전할 수 있다. 성공적인 굿즈와 브랜드 론칭을 위해서는 제품 기획, 디자인, 유통, 마케팅, 법적 관리까지 전 과정을 체계적으로 설계해야 한다. 팬 참여를 활용한 바이럴 전략, 적절한 생산 방식 선택(POD/OEM/ODM), 브랜드 정체성의 명확화, 고객 경험에 대한 섬세한 관리 등이 성패를 좌우한다.

▶ 용어 설명

- 굿즈: 크리에이터의 정체성을 반영해 팬을 대상으로 제작·판매하는 상품
- PB: 크리에이터가 직접 기획·운영하는 독립 브랜드
- POD: 주문형 생산 방식으로, 주문이 들어온 뒤에 제품을 제작하는 시스템
- OEM: 제품 기획은 주문자(크리에이터)가 하고 제조는 전문 업체에 맡기는 생산 방식
- ODM: 제품 기획부터 제조까지 모두 전문 업체가 수행하는 생산 방식

▶ 토론 문제

크리에이터가 일반 브랜드와 경쟁하기 위해 어떤 전략을 차별적으로 펼칠 수 있는지 토론해보자.

▶ 과제 예시

관심 있는 크리에이터의 굿즈 또는 브랜드 제품 사례를 조사하고, 그 전략의 장단점을 정리하시오.

▶ 크리에이터 브랜드 확장을 위한 체크리스트

- 굿즈 아이템 선정과 팬 선호도 반영 여부를 확인할 것
- 생산 방식(POD, OEM, ODM)의 장단점과 적합도를 검토할 것
- 브랜드 정체성과 크리에이터 콘텐츠의 일관성을 점검할 것
- 고객 경험을 높이기 위한 포장, 배송, 사후 대응 체계를 준비할 것
- 상표권, 통신판매업 신고 등 법적인 요건과 행정 절차를 사전에 완료할 것

8.

오프라인 이벤트는 왜 여전히 중요한가

오프라인 행사의 효과와 중요성

최근 크리에이터의 영향력이 디지털 플랫폼을 넘어 오프라인 영역까지 빠르게 확장되고 있다. 온라인 인지도를 바탕으로 팬 미팅, 강연, 팝업 스토어, 전시회 등 다양한 오프라인 행사를 만드는 크리에이터가 증가했다.

오프라인 행사는 디지털 상호작용의 한계를 극복하고 팬과의 관계를 직접적이고 구체적으로 만들어주는 강력한 수단이다.

크리에이터와 팬이 실제로 눈을 맞추고 대화를 나누며, 함께 사진을 찍고, 손을 잡는 등 구체적인 상호작용을 할 수 있다. 이는 팬덤의 감정적 유대감을 깊게 만들고 장기적인 충성도와 지지를 형성하는 데 크게 기여한다.

오프라인 행사는 크리에이터의 브랜드 가치를 확장하고 차별화하는 데 탁월한 효과가 있다. 행사는 한정된 시간과 장소에서 열리는 특별한 경험이기에 소비자에게 희소성과 특별함을 느끼게 만든다. 이는 크리에이터의 브랜드 이미지를 프리미엄화하고 독창적으로 만들어준다.

오프라인 행사는 크리에이터의 비즈니스 모델을 확장하고 수익 구조를 다양화하는 중요한 통로다. 유명 뷰티 크리에이터가 팝업 스토어를 열어 해당 현장에서만 구매 가능한 화장품 키트를 출시하거나, 여행 크리에이터가 여행 강연회를 열어 여행 브랜드와 협업 상품을 현장 할인 판매하면 높은 수익을 창출할 수 있다. 이를 위해서는 행사 기획 단계에서부터 수익 구조와 부가 상품 전략을 수립해 실행해야 한다.

오프라인 행사는 즉각적이고 정확한 팬 피드백을 받을 수 있는 소통의 기회다. 팬의 표정, 몸짓, 목소리를 통해 생생한 반응을 바로 확인할 수 있다.

마지막으로, 오프라인 행사는 미디어 노출 및 브랜드 확장의 기회도 제공한다. 크리에이터의 오프라인 이벤트는 언론 매체의 관심을 받기 쉽고, 팬의 현장 참여가 활발하게 SNS에 공유되면서 간접 홍보 효과가 크다. 또한, 오프라인 행사는 브랜드 협업을 위한 강력한 플랫폼이 될 수 있다.

크리에이터가 지속 가능한 성장을 위해서는 오프라인 행사 전략을 적극적으로 수립하고 실행할 필요가 있으며, 이를 통해 디지털 콘텐츠를 넘어 종합 브랜드 비즈니스로 발전을 모색해야 할 것이다.

팬 미팅, 강연, 전시 등의 기획과 실행 프로세스

행사를 기획할 때는 먼저 '왜 이 행사를 해야 하는지'에 대한 문제의식을 분명히 하고, 이를 간결한 기획 의도나 메시지로 표현한다. 기획 의도가 잡히지 않으면 행사의 방향성 자체가 흔들릴 수 있다. 한 행사에서 너무 많은 목표를 설정하지 말고, 하나의 중심 목표를 정하는 것이 중요하다.

예를 들어, 팬 미팅과 강연을 동시에 진행할 때, 팬과의 친밀감을 높이는 것과 전문직인 정보를 선날하는 목표가 구분되지 않으면 참석자들은 어떤 부분에 집중해야 할지 헷갈린다.

목표와 콘셉트가 결정되면 이에 맞는 장소와 일정, 규모를 정한다. 장소는 행사 목적과 콘셉트, 예상되는 참석자 수를 고려해 적합한 크기와 접근성을 갖춘 곳을 선택한다.

행사의 콘셉트는 프로그램 내용에만 국한되는 것이 아니라, 참석자들이 행사장에 들어서면서부터 나갈 때까지 모든 순간을 포함한다. 행사 분위기, 공간 디자인, 조명, 음악, 소품 등도 행사의 목표 및 콘셉트와 통일되어야 한다.

팬 미팅은 아담한 공연장이나 소규모 이벤트홀에서 진행하고, 강연은 강연자의 프레젠테이션과 청중의 집중도를 높일 수 있는 강의장이나 콘퍼런스 룸이 적절하다. 전시는 작품의 전시 효과와 관람자의 이동 경로 등을 고려해 갤러리나 전시 전용 공간을 고른다.

또한 행사 일정에 사용 가능한 장소를 찾아야 한다. 행사 일정은 타깃 팬층의 연령, 주요 참여자들이 편리하게 참석할 수 있는 요일과 시간을 최대한 반영해 결정한다.

장소와 일정이 확정되면 예산 관리와 세부 프로그램 기획에 들어간다. 오프라인 행사의 예산 항목은 장소 임대료, 무대 및 음향 장비, 영상 촬영 및 편집, 스태프 인건비, 출연자 비용, 굿즈 제작비, 홍보물 제작 및 배포, 케이터링 등의 비용으로 구성된다.

예산이 적지 않기 때문에 후원사나 협찬 브랜드와의 파트너십을 통해 비용을 분산하거나 추가 자금을 확보할 수 있는 방안을 적극적으로 모색하는 것이 좋다.

프로그램은 행사의 목표와 성격에 맞춰 철저히 구성해야 하며, 시간대별로 세부 진행 일정을 짜고 예측 가능한 변수를 대비해 리허설과 사전 점검을 필수적으로 해야 한다. 세부 프로그램을 구성할 때는 참석자들이 일방적으로 듣는 형태보다 직접 체험하거나 참여할 수 있는 요소를 적절히 배치하는 것이 효과적이다.

행사 당일에는 철저한 현장 운영과 스태프 관리가 필수적이다. 사전 계획된 프로그램 일정과 현장 매뉴얼을 바탕으로 행사 진행이 매끄럽게 이루어질 수 있도록 리허설을 진행하고, 사전 체크도 철저히 해야 한다. 행사 운영 스태프는 현장에서 발생할 수 있는 다양한 돌발 상황에 즉각 대응할 수 있도록 역할을 나누고, 미리 교육을 하는 것이 좋다. 또한 커뮤니케이션 채널(무전기나 메신저 등)을 확보해 운영 효율성을 높인다.

오프라인 행사는 끝난 후도 중요하다. 참석자들이 즉시 귀가할 수 있도록 교통 안내와 귀가 수단을 충분히 고려해 준비하고 안내한다.

현장에서 설문지나 모바일 설문을 통해 팬의 만족도와 개선 의견을 수집하고, 행사에서 수집된 사진 및 영상 콘텐츠를 소셜미디어에 공유하며 참여자들의 경험을 다시 한번 부각시키는 것이 좋다. 행사 종료 후 참여자에게 감사 이메일이나 메시지를 보내고,

설문 참여자에게는 소정의 기념품 또는 할인 쿠폰 등을 제공한다.

오프라인 행사 위기관리 및 돌발 상황 대응 전략

오프라인 행사는 아무리 철저하게 준비하더라도 언제든지 예상치 못한 위기와 돌발 상황이 발생할 수 있다. 날씨 변화, 인파 관리, 안전사고, 장비 고장, 팬의 불만 등 다양한 위기 상황을 미리 예측하고 사전에 이에 효과적으로 대응할 수 있는 전략을 수립해야 한다. 행사의 성공뿐 아니라 크리에이터의 브랜드 이미지 유지와 팬의 안전을 위해서도 행사 전반에 걸쳐 체계적이고 즉각적인 위기관리 시스템을 구축한다.

첫 번째로, 오프라인 행사에서 가장 흔히 발생하는 위기는 날씨 관련 돌발 상황이다. 야외에서 진행하는 팬 미팅, 팝업 스토어, 축제 등의 행사는 기상 조건에 따라 행사의 성공 여부가 크게 좌우된다. 이를 예방하기 위해서는 행사 전부터 우천, 폭염, 미세먼지 등 다양한 기상 변수에 대응할 수 있는 시나리오별 대응 매뉴얼을 작성해야 한다. 예를 들어, 행사 당일 우천을 대비한 천막이나 임시 휴식 공간 설치, 무료 우비 배부, 행사 장소 긴급 변경 계획 등을 준비해두고 사전에 팬에게 안내해야 한다. 폭염 상황에서는 충분한 음료와 간이 휴식 공간을 제공하고 응급처치 인력을 미리 배치해 안전을 확보한다.

두 번째로, 팬의 밀집으로 인한 인파 관리와 안전사고 예방 전략을 사전에 철저히 수립해야 한다. 인기 크리에이터의 행사에는 예상보다 많은 팬이 몰릴 수 있으며, 이로 인해 현장 혼잡, 압사 위험, 각종 안전사고 등 심각한 문제가 발생할 수 있다. 행사 장소의 최대 수용 가능 인원을 사전에 정확히 파악해 초과 운집이 발생하지 않도록 사전 예약제나 입장 제한 시스템을 운영한다. 현장 대기 시에는 관리 인력을 충분히 배치해 질서 있게 입장할 수 있도록 유도한다. 또한 만일의 상황을 대비해 비상 통로를 확보하고, 안전 요원을 곳곳에 배치해 위급 상황 발생 시 신속히 대응한다.

세 번째로, 음향 및 영상 장비의 고장이나 기술적 문제가 발생했을 때를 대비해 백업 시스템을 마련하는 것이 필수다. 현장 이벤트에서는 몇 번을 체크해도 음향 장비나 영상 송출 문제가 종종 발생한다. 모든 장비는 행사 당일 철저한 사전 점검과 리허설을 실시해야 하며, 행사 중 돌발 상황에 대비해 음향 및 영상 장비의 여분 또는 백업 솔루션(예: 예비 마이크, 추가 스피커, 백업용 노트북 및 영상 파일)을 준비해둬야 한다. 또한 기술 인력을 현장에 상주시켜 즉각적인 문제 해결이 가능하게 만든다.

네 번째로, 행사 진행 중 팬의 불만이나 민원 발생 시 즉각적이고 효과적으로 대응할 수 있어야 한다. 행사장 내 안내 부스 또는 고객 서비스 센터를 운영해 불편 사항이나 민원을 즉시 해결한다. 특히 현장에서 발생할 수 있는 티켓 문제, 좌석 배정 오류, 굿즈 구매 혼란 등은 미리 예상하고 매뉴얼화해 대응 방법을 현장 스태프들에게 철저히 교육해야 한다. 스태프의 대처에 따라 불만의 크기도 달라질 수 있으므로 철저한 교육은 무척 중요하다. 또한 불만 사항을 수집해 즉시 운영 본부에 보고할 수 있도록 무전기나 메신저 같은 빠르고 효율적인 소통 시스템을 구축하는 것도 중요하다.

다섯 번째로, 크리에이터 본인에게 발생할 수 있는 긴급 상황에도 대비한 시나리오를 수립해야 한다. 크리에이터가 건강 문제, 교통 지연, 개인적인 사고나 긴급 상황으로 인해 행사가 지연되거나 참석하지 못하는 최악의 경우를 대비해 사전에 대응책을 마련한다. 예를 들어, 크리에이터 도착 지연 시 진행 가능한 대체 프로그램을 준비하거나, 영상 메시지나 실시간 영상 연결을 통해 팬들에게 상황을 투명하게 설명하고 신속히 대응함으로써 팬들의 혼란과 불만을 최소화할 수 있다.

　마지막으로, 위기 상황 발생 시 사후 관리 및 복구 전략 역시 철저히 수립해야 한다. 돌발 상황이나 사고가 발생했을 경우, 팬과 언론의 관심은 행사가 끝난 후에도 지속될 수 있다. 이때는 즉각적인 공식 사과 및 해명, 그리고 후속 보상 조치를 통해 신뢰를 빠르게 회복하고, 부정적인 이슈의 확산을 최소화해야 한다. 공식 사과나 보상 내용을 빠르고 정확하게 소셜미디어 및 이메일 등을 통해 팬에게 전달하고, 향후 유사 상황 재발 방지를 위한 개선책까지 공유해 팬의 신뢰와 브랜드의 명성을 유지하는 것이 필수적이다.

▶ 요약 정리

오프라인 이벤트는 디지털 콘텐츠만으로는 구축하기 어려운 팬과의 감정적 유대감을 강화하고, 브랜드에 대한 몰입 경험을 제공하는 핵심 수단이다. 크리에이터는 팬 미팅, 강연, 전시, 팝업 스토어 등을 통해 팬의 충성도를 높이고, 브랜드 가치를 오프라인 공간에서도 체화할 수 있다. 행사 기획은 단순한 만남을 넘어 수익 창출, 미디어 노출, 협업 기회 확대 등 다양한 효과를 동반하며, 사전 기획부터 위기 대응, 사후 관리까지 전 과정을 정교하게 설계할 필요가 있다.

▶ 용어 설명

- 콘셉트: 행사 전체의 분위기와 방향성을 결정짓는 기획 기반을 뜻함
- 리허설: 행사 전 실제 상황을 가정해 프로그램과 동선을 점검하는 과정을 말함
- 위기관리: 돌발 상황에 대비해 사전 준비 및 즉각 대응 체계를 마련하는 일
- 팬 경험: 팬이 행사 참여 전부터 종료 후까지 느끼는 전체적인 체감과 인상을 말함

▶ 토론 문제

온라인 중심의 활동만으로 성장한 크리에이터가 오프라인 이벤트를 기획해야 하는 이유는 무엇인지에 대해 토론해 보자.

▶ 과제 예시

크리에이터가 주최한 오프라인 행사 사례를 조사하고, 현장 구성 및 팬 경험 요소를 분석하시오.

▶ 오프라인 행사 실행을 위한 체크리스트

- 팬과의 연결을 강화하는 경험 중심 프로그램인지 확인할 것
- 행사 콘셉트와 공간 구성, 동선을 일관되게 설계했는지 점검할 것
- 팬층의 특성을 고려한 일정, 장소, 접근성이 계획에 반영되었는지 검토할 것
- 날씨, 안전, 장비 등 예상 가능한 돌발 상황에 대한 대응 계획을 수립할 것
- 행사 종료 후의 피드백 수집과 후속 소통 전략까지 실행할 준비를 마칠 것

9.

라이브 커머스, 크리에이터가 직접 파는 시대

라이브 커머스의 개념과 트렌드

기존 TV 홈쇼핑이 일방적인 정보 전달 방식이었다면, 라이브 커머스는 소비자와 진행자가 실시간으로 상호작용한다는 점이 가장 큰 특징이다. 시청자가 댓글로 질문을 남기면 진행자가 즉시 답을 해주고, 다른 시청자들이 추가적으로 의견을 주고받으면서 자연스럽게 제품 정보를 얻는다. 실시간 의사소통은 소비자가 제품에 대해 더욱 신뢰를 갖게 만드는 동시에, 충동구매나 체험 욕구를 자극해 높은 전환율을 유도한다. SNS나 유튜브, 전용 쇼핑몰 등 다양한 채널에서 라이브 커머스를 시도하고 있으며, '숏폼' 플랫폼에서조차 라이브 기능을 붙여 판매 이벤트를 진행하는 추세다.

라이브 커머스는 단순히 '방송을 본다'라는 감상을 넘어, 크리에이터나 쇼호스트와 함께 '즐긴다'라는 인식을 갖게 한다. 디지털 세대인 Z세대는 협업, 참여, 놀이 같은 요소를 중시하는 소비 행태를 보이는데, 직접 소통할 수 있는 라이브 방송은 이들의 니즈를 정확히 충족시킨다. 이른바 '쇼퍼테인먼트(Shoppertainment)'라 불리는 흐름은 이런 맥락에서 해석할 수 있다. 시청자는 재미있는 공연이나 이벤트를 보듯 라이브 방송을 시청하는 동시에, 맘에 드는 제품을 즉석에서 구매할 수 있다. 방송 채팅창에 질문을 올리면 진행자가 바로 제품 사용법이나 재질, 사이즈, 가격 할인 정보를 알려주고, 재고가 빠르게 소진되는 모습을 실시간으로 접하며 소비자는 마치 '지금이 아니면 못 산다'라는 긴장감도 느낀다.

플랫폼들도 라이브 커머스 기능을 대폭 강화하고 있다. 네이버 쇼핑라이브는 별도의 전용 코너를 마련해 누구든 쉽게 방송을 켜고 판매할 수 있게 지원한다. 인스타그램도 '쇼핑 태그'를 달아, 사진이나 영상에 등장하는 제품을 구매 페이지와 바로 연결해준다. 유튜브는 라이브 스트리밍과 쇼핑 링크를 결합해 실시간 할인 혜택을 받도록 하는 시도를 하고 있다.

틱톡은 중국 시장에서 이미 대규모 라이브 판매를 정착시키며 폭발적인 매출 성과를 올렸다. 각 플랫폼이 앞다투어 라이브 커머스 기능을 갖추는 이유는, 소비자 참여가 높고 매출 전환율이 일반 광고나 콘텐츠 협찬보다 훨씬 좋기 때문이다.

한편, 라이브 커머스가 장기적인 팬덤 형성과 브랜드 스토리텔링 창구가 되는 사례도 주목받고 있다. 뷰티 전문 크리에이터가 스킨케어 제품을 라이브로 소개할 때, 자신만의 스킨케어 루틴을 시청자들과 공유하고, 제품을 사용하는 실제 시연 과정을 보여주며, 궁금한 점을 즉석에서 해결해주는 식이다.

라이브 커머스는 특히 크리에이터가 자신의 디지털 자산과 영향력을 수익화하는 강력한 도구다. 라이브 방송 중 시청자와 실시간 소통을 하면서 제품을 자연스럽게 노출하기 때문에 거부감이 훨씬 적다. 또한 라이브 방송이 끝난 뒤에도 녹화본을 편집해 유튜브나 SNS에 재활용할 수 있어 추가 홍보 효과를 얻는 사례도 많다.

최근엔 재미 요소를 더해 '버라이어티 쇼'에 가까운 라이브 커머스도 늘고 있다. 유명 예능 프로그램의 포맷을 패러디해 게임을 진행하고, 게임에서 이긴 시청자에게 특별 할인이나 경품을 제공하는 식이다. 현장에서 뮤지션이 즉석 공연을 펼치거나 셰프가 요리 시연을 하는 등 '지금 아니면 볼 수 없는 무대'를 만든 뒤 해당 상품(레시피 재료, 공연 관련 굿즈 등)을 결합해 판매하는 식의 고도화된 기획도 등장하고 있다.

라이브 방송이 '하나의 공연'으로 주목받으면서, 소비자의 체류 시간과 참여도가 높아지고, 결과적으로 구매 전환율도 올라가는 선순환이 만들어졌다.

라이브 커머스는 앞으로 다양한 산업 분야로 확장할 것으로 예상된다. 가전·가구·자동차·항공권·부동산 등 고관여 상품에도 라이브 커머스를 도입하고 있다. 자동차 회사의 경우 신차 소개를 라이브 커머스로 진행하면서 차량 내부 디테일을 꼼꼼히 보여주고, 실시간 질문에 답변하는 케이스가 늘고 있다.

항공권이나 여행 상품을 라이브로 판매하면서 시청자들에게 제한 시간 동안 특가를 제공하기도 한다. 소비자는 "여행 일정은 어떻게 구성되나요?" "이 항공권은 언제까지 변경 가능하나요?" 같은 질문을 하고 즉시 답변을 들은 뒤 안심하고 구매를 결정한다.

라이브 커머스 인기가 높아지면서 시장 경쟁도 치열해졌다. 우후죽순으로 라이브 방송이 늘면서 선택지가 너무 많아져 방송 하나당 시청자 수가 줄어드는 '파편화 현상'이 일어날 수도 있다. 따라서 라이브 커머스를 진행할 때는 단순히 '판매 방송'에 그치지 않도록 기획 단계에서부터 '내가 시청자에게 어떤 가치를 줄 것인가?'를 고민해야 한다.

(그림 5) '네이버 쇼핑라이브' 및 '그립' 첫 화면

라이브 커머스 플랫폼과 기능

국내 시장에서는 네이버 쇼핑라이브와 그립이 대표 주자다. 쿠팡 라이브나 카카오 쇼핑라이브 등도 나름의 고유한 강점을 앞세워 경쟁 중이다. 해외로 눈을 돌리면 유튜브 라이브, 틱톡 라이브, 인스타그램 라이브 등에서 라이브 커머스 관련 기능을 강화하고 있다. 어떤 플랫폼을 선택하느냐는 크리에이터가 다루는 상품의 종류, 목표로 하는 시청자층, 방송 스타일 등에 따라 달라진다.

네이버 쇼핑라이브는 국내 포털 '네이버'와 직결되어 있다는 점에서 큰 메리트를 제공한다. 포털을 통해 검색되고, 쇼핑을 자주 하는 사용자층이 탄탄한 데다, 네이버 ID로 간편하게 로그인할 수 있어 시청자 입장에서도 별도의 가입 절차가 거의 없다. 방송 채널은 네이버 쇼핑라이브 스튜디오에서 만드는데, 상품 등록이나 방송 인터페이스가 직관적으로 구성되어 있어 초보자도 쉽게 시작할 수 있다.

　방송 화면에는 상품 목록을 나열할 수 있고, 실시간 채팅창을 통해 시청자들의 질문에 즉시 답변하거나 쿠폰 발행 같은 혜택을 즉흥적으로 제공할 수도 있다. 라이브 방송을 보다가 마음에 드는 상품이 있으면 원클릭으로 상품 상세 페이지나 결제창에 진입할 수 있다. 네이버페이와 연동해 결제 과정도 간편하다.

　네이버 쇼핑라이브의 핵심 기능으로는 '사전 편성'과 '다시 보기(VOD) 기능'이 꼽힌다. 방송 시작 시간을 미리 공지하면, 팬들은 알림을 신청해두고 방송 알림을 받을 수 있으며, 네이버 쇼핑라이브 메인에도 편성표 형태로 노출되어 더 많은 유입을 기대할 수 있다. 방송이 끝난 뒤에는 해당 라이브 영상이 자동으로 VOD로 전환되어, 나중에 들어온 시청자들도 재방송을 시청하며 상품 정보를 확인하고 구매할 수 있게 만들어준다. 라이브 방송 콘텐츠가 누적되면서 추가 판매가 이어지기도 한다. 한 번의 라이브로 장기간의 판매 성과를 낼 수 있다는 점이 특징이다. 네이버 포인트 적립, 쿠폰 발행, 무이자 할부 같은 '네이버'만의 쇼핑 인프라가 합쳐져 시청자의 구매 동기를 더욱 높인다.

그립은 '모바일 기반 라이브 커머스 전문 플랫폼'이라는 정체성을 내세워 빠르게 성장했다. 소상공인이나 개인 셀러들이 크리에이터처럼 방송을 진행하며 시청자와 친밀하게 소통할 수 있다는 것이 가장 큰 장점이다. 앱을 실행하고 '방송하기'를 누르면 바로 실시간 방송이 가능하고, 채팅창으로 시청자들의 문의를 즉시 파악할 수 있어 마치 오프라인 매장에서 직접 판매하듯 이야기를 주고받으며 판매를 유도할 수 있다. 여기서 자주 쓰이는 전략이 '방송 중 단 10분간만 무료 배송' '오늘 이 시간에만 2+1 이벤트 적용' 같은 깜짝 이벤트다. 시청자들은 이 기회를 놓치기 아깝다고 느껴 즉시 결제를 결정하는 경우가 많다. 그립은 사전에 상품 목록을 등록해두고, 방송을 진행하면서 한두 개씩 시청자들에게 순차적으로 보여줄 수 있으며, 재고 관리나 할인율 변경 등을 앱에서 실시간으로 업데이트할 수 있어 판매자의 업무 부담을 크게 줄여준다. 특별한 쇼핑몰 없이도 방송 하나로 결제와 배송까지 전 과정이 해결된다는 게 그립의 강점이다.

네이버 쇼핑라이브와 그립은 핵심 사용자층과 플랫폼 생태계가 조금 다르다. 네이버 쇼핑라이브는 검색 및 쇼핑으로 네이버를

애용하는 대중에게 즉각 노출된다는 장점이 있다. 다만 초기 방송 개설 요건이나 쇼핑라이브 스튜디오 세팅이 다소 복잡하다고 느낄 수 있다. 반면, 그립은 모바일 앱 위주로 방송을 자유롭게 열고 닫을 수 있어 진입 장벽이 낮고, 소상공인과 개인 크리에이터가 본인만의 '가게 방송'을 손쉽게 꾸미기 좋아 인기를 끌고 있다.

결국 '어떤 상품을 파느냐, 내가 겨냥하는 시청자층이 누구냐'에 따라 선택이 갈린다. 네이버 쇼핑라이브는 IT 주변기기나 패션, 뷰티 등 상대적으로 규모가 크고 검색 수요가 높은 카테고리에 적합하고, 그립은 수공예품이나 지역 특산물, 일상 소품처럼 개성과 친근함을 강조하는 상품에 더 어울린다.

라이브 커머스 시장이 확대되면서, 쿠팡 라이브나 카카오 쇼핑라이브도 주목받고 있다. 쿠팡은 로켓배송 시스템을 활용해 '지금 구매 시 내일 도착'이라는 강점을 극대화하고, 카카오는 카카오톡 채널 기반으로 방대한 사용자에게 라이브 알림을 푸시하거나 결제 시 카카오페이를 적용해 구매 편의를 높였다.

해외 라이브 커머스의 대표적 사례는 틱톡에서 찾을 수 있다. 중국 시장에서 틱톡 라이브 커머스가 폭발적 인기를 얻은 경험을 바탕으로 글로벌 시장에도 라이브 판매 기능을 적극 도입 중이다. 숏폼 영상을 통해 팬들의 관심을 빠르게 살어올린 뒤 라이브로 이어지게 만들어 구매를 유도하는 '숏폼+라이브 연계'가 많다.

라이브 커머스에서 공통적으로 강조하는 기능은 실시간 채팅과 상품 연동 그리고 이벤트다. 방송 화면에 상품을 연결하면 시청자가 즉시 상품 상세 페이지로 이동할 수 있고, 판매자는 방송 중 어떤 상품이 몇 개나 판매됐는지 실시간으로 모니터링하면서 재고나 할인율을 조정할 수 있다. 일부 플랫폼은 진행자에게 응원을 보내는 후원 기능을 제공하기도 해 판매가 안 돼도 방송 자체로 일정한 수익을 얻을 수 있다.

　네이버 쇼핑라이브, 그립 같은 국내 플랫폼은 각각 검색 연동이나 모바일 친화성을 강점으로 삼고 있으며, 쿠팡 라이브나 카카오 쇼핑라이브 역시 물류 시스템, 소셜미디어 알림 기능 등에서 경쟁 우위를 갖는다. 한편, 상황에 따라 여러 플랫폼을 동시 운영하면 그만큼 관리와 역량이 분산될 수 있으므로 사전 준비와 팀워크가 필요하다. 예를 들어, 한 명은 방송 진행을 전담하고, 다른 팀원은 각 플랫폼의 채팅 응대와 주문 흐름, 알림 반응 등을 동시에 모니터링하며 즉시 대응하는 식의 협업이 요구된다.

라이브 커머스 운영 시 주의할 점과 성과 극대화

　첫째, 가장 유의해야 할 점은 '과장 광고'와 '허위 정보 제공'을 피하는 것이다. 라이브 커머스는 판매자가 실시간으로 소비자와 소통하면서 제품을 즉흥적으로 소개하다 보니, 자칫 제품의 효과나 성능을 과장해서 설명하거나 허위 정보를 전달할 위험성이 높다. 사실과 다른 내용을 전달할 경우, 소비자 불만과 법적 문제로 이어질 수 있다. 실제로 공정거래위원회는 라이브 커머스 방송 중 과장·허위 광고 사례를 엄격히 단속하고 있으므로 크리에이터는 방송에서 제공하는 모든 정보가 진실하고 객관적 근거를 가지고 있는지 사전에 확인해야 한다.

둘째, 상품 품질관리와 사후 대응 시스템 구축에 특별히 신경써야 한다. 소비자 입장에서는 방송 중 설명과 실제 제품 사이의 차이가 클수록 불만이 발생할 가능성이 높다. 사후 대응 절차와 고객 센터 운영 등 철저한 시스템을 미리 마련해야 한다.

셋째, 라이브 커머스는 실시간으로 진행되는 특성상 방송 중 돌발 상황이 발생하면 구매 욕구가 급격히 떨어질 수 있다. 방송이 중간에 끊기거나 영상이 멈추는 경우, 시청자들이 쉽게 방송에서 이탈하므로 사전 점검을 철저히 해야 한다.

마지막 주의 사항은 지나친 판매 압박을 피해야 한다는 점이다. 방송 중 실적 압박 때문에 지나치게 판매를 강요하거나 무리하게 제품 구매를 권장하면 오히려 거부감을 유발할 수 있다. 자연스럽고 즐거운 쇼핑 경험이 되어야 일회성 구매를 넘어 장기적 팬덤으로 발전할 가능성이 높아진다.

▶ 요약 정리

라이브 커머스는 실시간 상호작용을 통해 제품에 대한 신뢰를 높이고, 구매 전환을 유도하는 새로운 판매 방식으로 자리 잡았다. 플랫폼별 기능과 타깃층에 따라 전략적으로 선택하고 운영해야 하며, 크리에이터의 콘텐츠 영향력과 팬덤을 결합하면 높은 시너지를 낼 수 있다. 방송 기획, 기술 점검, 고객 응대, 사후 시스템까지 모든 요소가 유기적으로 작동해야 성과를 극대화할 수 있으며, 과장 광고나 판매 강요는 브랜드 이미지에 치명적일 수 있다.

▶ 용어 설명

- 라이브 커머스: 실시간 영상 스트리밍으로 시청자와 소통하며 상품을 판매하는 온라인 쇼핑 방식
- 네이버 쇼핑라이브: 네이버의 포털 서비스와 연동된 대표적 라이브 커머스 플랫폼으로, 쉬운 접근성과 높은 구매 전환율을 제공
- 그립: 소상공인과 개인 판매자들이 쉽게 사용할 수 있도록 최적화된 모바일 전용 라이브 커머스 플랫폼
- 팬덤 커뮤니티: 크리에이터와 소비자 간의 공감과 지속적인 교류를 통해 형성된 팬 집단으로, 재구매와 입소문 효과를 촉진함

▶ 도론 문제

크리에이터가 라이브 커머스에서 시청자와 신뢰를 유지하면서도 판매

성과를 높이기 위해 어떤 균형 전략을 사용할 수 있는지 토론해보자.

▶ 과제 예시

네이버 쇼핑라이브, 그립, 유튜브 라이브 등 3개 플랫폼의 기능과 특징을 비교하고, 각 플랫폼에 적합한 상품 유형을 분석하시오.

▶ 라이브 커머스 성공을 위한 체크리스트

- 라이브 커머스 기획 전략 점검을 위해 방송 콘셉트와 타깃 시청자의 관심사를 명확히 설정할 것
- 플랫폼별 기능 이해를 위한 채팅, 쿠폰, 상품 연동 기능의 사용법을 숙지할 것
- 기술적 안정성 확보를 위해 카메라, 조명, 네트워크 상태를 사전에 점검할 것
- 고객 만족도 유지를 위한 사후 응대 및 품질관리 체계를 준비할 것
- 법적 문제 예방을 위해 광고 문구와 정보 제공이 사실에 기반하는지 검토할 것

IV. / 브랜드는
어떤 크리에이터를
원하는가

10.

브랜드는 왜
크리에이터와 일하려 하는가

크리에이터 마케팅과 전통 광고 비교 분석

전통적인 광고는 TV, 라디오, 신문, 잡지 등 매스미디어를 통해 메시지를 일방적으로 전달하는 방식이 주를 이루었다. 전통 광고의 가장 큰 특징은 메시지를 대중에게 한 번에 광범위하게 전달할 수 있다는 점이었다. 주요 방송 시간대에 TV 광고를 하거나, 유동 인구가 많은 거리에 옥외광고를 설치하는 식이다. 그러나 전통 광고는 대부분 일방적이고 단방향 소통 구조를 가지고 있어 소비자들의 반응을 즉각적으로 측정하기 어려웠으며, 높은 비용에 비해 효과가 떨어진다는 단점이 지적되어왔다. 특히 젊은 세대는 TV나 신문 같은 전통 매체를 거의 이용하지 않다 보니 전통 광고의 효과는 급격히 감소했다.

크리에이터 마케팅은 전통적인 광고와는 완전히 다른 접근 방식을 취한다. 크리에이터 마케팅이 강력한 이유는 이미 팬덤과 긴밀한 소통 관계를 만들고 있기 때문이다. 그러다 보니 양방향 소통 구조를 통해 진정성 있는 브랜드 광고를 만들 수 있다.

소비자는 전통 광고를 상업적 목적을 가진 메시지로 인지한다. 하지만 크리에이터의 광고 콘텐츠는 일상 콘텐츠의 한 부분으로 받아들이기 때문에 거부감이 적다. 오히려 유용한 정보나 추천으로 받아들인다.

효율성과 비용 측면에서도 확연한 차이가 있다. TV나 옥외광고 같은 전통 광고는 제작 비용이 높고, 유명 매체에 노출시키려면 막대한 비용이 들어간다. 반면, 크리에이터 마케팅은 상대적으로 적은 예산으로 높은 효과를 얻을 수 있어 ROI(투자 수익률)가 높다고 평가받는다. 특히 마이크로 크리에이터나 특정 분야의 전문 크리에이터를 활용하면 특정 소비자 그룹을 정밀하게 타기팅할 수 있으며, 광고 비용 대비 높은 전환율을 기대할 수 있다.

소비자의 광고 수용 태도 역시 차이가 난다. 오늘날 소비자는 광고를 선택적으로 소비하는 경향이 강해졌다. TV에서 광고가 나오면 채널을 돌리거나 웹사이트의 광고를 숨김 처리하는 소비자가 많아지면서 전통 광고의 효과는 떨어지고 있다. 반면, 크리에이터 마케팅은 소비자가 직접 선택해 콘텐츠를 보기 때문에 광고 회피 현상이 훨씬 적다.

결론적으로 크리에이터 마케팅은 전통적인 광고 방식과 비교해 신뢰도, 효율성, 타기팅 정확성, 소비자 참여도 측면에서 강점을 가지고 있다. 전통적인 광고 방식이 가진 강력한 도달력이라는 장점은 여전히 존재하지만, 소비자의 미디어 소비 패턴과 광고 수용 태도가 변화함에 따라 브랜드들은 크리에이터 마케팅을 통해 보다 전략적이고 효율적인 마케팅을 전개하고 있다. 특히 Z세대와 같이 전통 광고로 접근하기 어려운 소비자층을 대상으로 할 때는 크리에이터 마케팅이 더욱 중요하고 효과적인 마케팅 도구가 되었다.

브랜드가 크리에이터를 선정하는 기준과 원하는 역량

브랜드가 가장 우선적으로 고려하는 것은 크리에이터의 '브랜드 적합성(Brand Fit)'이다. 크리에이터가 평소 제작하는 콘텐츠의 주제, 스타일, 톤앤매너가 브랜드 이미지와 잘 어울릴 때 협업 효과는 극대화된다. 브랜드는 크리에이터 선정 시 콘텐츠 주제와 스타일, 크리에이터의 가치관과 행동이 브랜드가 전달하고자 하는 메시지와 자연스럽게 맞아떨어지는지 세심하게 평가한다. 예컨대, 지속 가능성을 강조하는 브랜드는 평소 친환경 소비나 윤리적 가치를 다루는 크리에이터를 먼저 찾는다.

콘텐츠의 창의성과 품질 역시 브랜드가 크리에이터를 선정하는 중요한 기준이다. 브랜드가 크리에이터와 협업하는 이유는 브랜드가 생각하지 못했던 창의적이고 참신한 아이디어를 소비자의 시선으로 전달하기 위해서다. 콘텐츠의 독창성이나 영상미, 퀄리티가 브랜드의 중요한 평가 항목이 된다.

브랜드는 크리에이터가 팬덤과 맺고 있는 유대감과 참여도, 즉 '인게이지먼트(Engagement)'를 심도 있게 살핀다. 아울러 팬덤의 열정적 참여와 진정성 있는 소통을 크리에이터 선정의 주요 기준으로 삼는다.

크리에이터가 가진 특정 분야의 전문성과 신뢰성 또한 브랜드가 협업 시 중요하게 평가하는 요소다.

협업 과정에서 보이는 태도와 커뮤니케이션 능력, 즉 협업의 원활함도 면밀하게 평가한다. 크리에이터 마케팅은 콘텐츠 제작 단계부터 최종 성과 문석까지 긴밀한 협력을 요구하는 과정이다. 이 과정에서 크리에이터가 브랜드의 요청 사항을 잘 이해하고 성실하게 반영하는지, 의견 충돌이 있을 때 원만하게 합의점을 찾는 협업 태도를 가지고 있는지가 중요하다. 크리에이터의 성실성, 책임감, 소통 능력 같은 기본적이면서도 중요한 역량이 브랜드와의 장기적 파트너십을 좌우한다.

마지막으로, 브랜드는 크리에이터의 플랫폼 활용 능력도 고려한다. 브랜드는 자신들의 타깃 소비자층이 주로 활동하는 플랫폼에서 영향력을 발휘할 수 있는 크리에이터와 협력한다. Z세대를 주 타깃으로 삼는 브랜드는 틱톡이나 유튜브 쇼츠를 적극 활용하는 크리에이터를 찾고, 30대 이상 실용적인 소비를 중시하는 타깃층을 노리는 브랜드는 블로그나 유튜브에서 깊이 있는 콘텐츠를 제공할 수 있는 크리에이터를 찾는다.

성공적인 브랜드 협업을 위한 크리에이터의 준비 전략

브랜드와 협업은 브랜드의 목표와 크리에이터의 정체성이 자연스럽게 연결되어 시너지를 만들어내는 전략적 활동이다. 따라서 크리에이터는 브랜드가 협업 파트너를 선정할 때 중요하게 생각하는 기준을 정확히 이해하고, 브랜드가 원하는 정보를 체계적으로 제공할 수 있도록 평소 준비해두어야 한다.

먼저, 크리에이터는 자신을 효과적으로 소개할 수 있는 '크리에이터 소개서'를 준비해야 한다.

소개서의 첫 부분에는 간단한 프로필과 채널의 주요 정보를 넣는다. 콘텐츠 주제와 분야, 주요 활동 플랫폼, 구독자와 조회수 같은 정량적 현황을 적는다. "여행을 전문으로 다루는 유튜버로, 전 세계 20여 개국을 여행하며 경험한 정보를 시청자와 소통하며 공유하고 있습니다. 현재 구독자는 15만 명, 평균 조회수는 영상당 5만 회 이상입니다"와 같은 방식으로 간단하면서도 명확하게 설명한다. 브랜드가 크리에이터의 기본적인 영향력을 직관적으로 파악할 수 있게 적는것이 중요하다.

다음으로는 콘텐츠 특성과 팬 소통 방식 등 정성적인 특성을 간결하게 드러내야 한다. 예를 들어, "매주 여행 브이로그와 정보 콘텐츠를 교차 편성해 발행 중이며, 평균 댓글 수는 300개 이상입니다. 구독자 피드백을 바탕으로 콘텐츠 주제를 조정하고, 커뮤니티 탭을 통해 여행 Q&A를 주기적으로 운영합니다"처럼 실제 운영 현황과 수치를 함께 적으면, 브랜드 담당자에게 보다 신뢰할 수 있는 정보를 줄 수 있다.

구체적인 협업 사례와 성과를 제시하는 것도 필요하다. 다른 브랜드와 진행한 성공적인 협업 사례를 정리하면 협업 역량과 성과를 더 보여줄 수 있다. 단순히 협업 브랜드 이름과 콘텐츠 링크만 나열하는 것이 아니라, 협업 당시의 목표와 실제 결과를 구체적인 수치로 표현하는 것이 효과적이다.

"최근 여행용품 브랜드 ○○와 협업하여 제작한 '가볍게 떠나는 유럽 여행' 콘텐츠는 업로드 후 일주일 동안 조회수는 10만 회 이상, 댓글 참여율은 기존 콘텐츠 대비 30% 증가했고, 브랜드의 프로모션 코드 사용률도 기대치의 2배 이상을 기록했습니다." 같은 방식으로 성과를 수치화해서 전달하면 설득력이 높아진다.

협업 가능한 콘텐츠 유형과 제작 프로세스도 구체적으로 적는 것이 좋다. 브랜드는 협업 콘텐츠가 실제로 어떻게 만들어지고 진행되는지 미리 파악하고 싶어 하기 때문이다. 콘텐츠 제작 기간, 브랜드 메시지를 반영하는 과정, 콘텐츠를 기획할 때의 주요 고려 사항 등을 적으면 브랜드 담당자는 협업의 구체적인 모습을 예측하고 더 빠르게 의사 결정을 내릴 수 있다.

평소 팬덤의 주요 연령대, 성별 구성, 소비 성향, 주요 관심사 등을 분석하고, 브랜드와 협업 시 적극적으로 전달할 수 있도록 준비하는 것이 좋다. "제 채널의 주요 구독자는 국내 25~34세 여성이 70%를 차지하며, 해외여행과 액티비티에 대한 소비 성향이 강하고, 주로 프리미엄 제품을 선호합니다"라는 정보를 주면 브랜드는 보다 정확한 타기팅과 마케팅 메시지를 준비할 수 있다.

▶ 요약 정리

브랜드는 더 이상 대중을 향한 일방적 광고가 아닌, 크리에이터와의 협업을 통해 진정성과 몰입감을 전달하려 한다. 크리에이터 마케팅은 전통 광고에 비해 효율성과 타깃 정밀도에서 우위를 가지며, 브랜드는 적합성, 창의성, 팬과의 관계, 전문성 등을 중심으로 파트너를 선정한다. 이에 따라 크리에이터는 소개서, 콘텐츠 포트폴리오, 협업 사례 등을 체계적으로 준비해 브랜드와의 시너지를 주도할 수 있어야 한다.

▶ 용어 설명

- 브랜드 적합성: 브랜드 이미지와 크리에이터 콘텐츠의 정서적·시각적 조화를 의미함
- 인게이지먼트: 구독자나 팬과의 상호작용 수준을 뜻함

▶ 토론 문제

브랜드가 크리에이터를 선택할 때 '인게이지먼트'와 '구독자 수' 중 어떤 기준이 더 중요할지에 대해 토론해보자.

▶ 과제 예시

특성 브랜드의 마케팅 캠페인 사례를 조사하고, 어떤 기준으로 크리에이터를 선정했는지 분석하시오.

▶ **브랜드 협업을 위한 사전 준비 체크리스트**

- 브랜드 협업 제안을 위한 크리에이터 소개서를 체계적으로 구성했는지 점검할 것
- 정량적 데이터(구독자 수, 조회수, 댓글 수 등)와 정성적 특징(콘텐츠 성격, 팬 소통 방식)을 모두 포함할 것
- 협업 사례와 성과를 수치 중심으로 정리해 설득력을 높일 것
- 협업 콘텐츠의 제작 방식과 일정에 대한 안내 항목을 포함할 것
- 구독자 분석 자료를 기반으로 타깃 소비자 정보 전달이 가능한지 확인할 것

11.

성공하는
마케팅 캠페인의
설계 원칙

캠페인 목표 설정과 전략 수립

캠페인 목표 설정과 전략 수립은 크리에이터 마케팅 캠페인의 전반적인 설계도를 그리는 핵심 작업이다.

먼저 목표 설정 단계에서는 '무엇을 위해 이 크리에이터 마케팅을 하려는가?'라는 근본적 질문에 답해야 한다. 신제품이나 신규 시비스의 인지도를 높이는 것이 최우선 과제인지, 소비자의 호감도를 더욱 끌어올리고 구매 전환을 촉진하는 것이 목적인지, 혹은 특정 이벤트나 프로모션에 참여하도록 유도하는 것인지 파악한다.

목표가 분명해지면 캠페인에서 중점적으로 노출하고자 하는 메시지나 KPI(Key Performance Indicator, 핵심 성과 지표)가 자연스럽게 구체화된다. '2주 안에 신제품 웹페이지 유입 10만 건 달성'이라든가 '한 달 이내에 SNS상 브랜드 관련 언급량 30% 이상 증대'처럼 수치화된 목표를 설정하면 캠페인 전략 수립 단계에서부터 정확한 실행 방안을 마련할 수 있다.

다음으로 브랜드 아이덴티티와 캠페인 주제, 타깃 시청자 특성 등을 종합적으로 고려해 캠페인의 큰 콘셉트와 실행 전략을 설정한다. 크리에이터 마케팅은 '누구를 통해 어떤 메시지를 전달할 것인가?'가 성패를 가르는 열쇠다. 브랜드는 자사 브랜드 특성과 잘 맞는 크리에이터를 선정하고, 그들이 만든 콘텐츠가 타깃 시청자에게 제대로 전달될 수 있는 미디어 환경을 구성해야 한다. 패션 브랜드가 MZ세대 대상의 스트리트 캐주얼 라인을 홍보한다면, 스트리트 패션이나 힙합 문화에 친숙하고 SNS 참여도가 높은 크리에이터와 협업해 짧고 임팩트 있는 '숏폼' 영상을 주 매체로 삼는 식이다.

중장년층을 타깃으로 하는 건강식품 브랜드라면, 신뢰도 높은 전문가형 크리에이터나 가족 중심 콘텐츠를 제작하는 크리에이터를 섭외해 장기 리뷰 콘텐츠나 라이브 커머스 포맷으로 접근하는 것이 더 효과적이다.

캠페인 전략 수립 과정에서는 협업할 크리에이터의 역량과 특성, 팬덤(커뮤니티) 구조도 살펴봐야 한다. 충성도 높은 팬덤을 가진 크리에이터는 외형적인 지표가 낮더라도 실제 성과에서는 강력한 영향력을 발휘한다.

캠페인 전략과 실행 방향을 구체화한 기획서를 통해 목표와 메시지를 공유한다. 기획서에는 브랜드가 전달하고자 하는 핵심 가치와 메시지, 캠페인 기간, 예산, 콘텐츠 형식 및 개수, 기대하는 KPI 등을 상세히 적는다. 콘텐츠의 톤앤매너, 사용할 해시태그나 키워드, 협찬 표기 방식, 제작 일정 등도 함께 정리한다.

전략 수립 과정에서는 단발성 콘텐츠로 그치지 않고, 일종의 '캠페인 시리즈'로 확장할 수 있는 구성도 함께 고민한다. 특정 크리에이터가 영상에 한 번 등장하고 끝나는 것이 아니라, 콘텐츠 시리즈, 라이브 방송, 숏폼 콘텐츠, 오프라인 이벤트 등을 유기적으로 연결해 팬덤이 단계적으로 참여할 수 있는 구조를 만들면 브랜드와 상호작용도 더욱 깊어진다. 팬 커뮤니티 기반의 이벤트에서 구매가 발생한 경우, 이를 다시 콘텐츠화하거나 커뮤니티 활동으로 연결시키는 방식은 2차, 3차 확산 효과를 기대할 수 있다. 이렇게 스토리텔링 기반의 다층적 캠페인 구조를 갖추면 소비자 입장에서도 참여도가 높아지고 몰입감 있는 브랜드 경험이 가능해진다.

캠페인 전략 수립 과정에서 실무적으로 중요한 또 하나의 요소는 예산과 일정의 체계적인 관리다. 크리에이터 섭외 비용, 콘텐츠 제작비, 소셜미디어 광고 집행비, 이벤트 및 프로모션 운영비, 성과 분석 비용 등 주요 예산 항목을 미리 분류하고, 각 항목의 지출 우선순위를 정해 계획을 수립한다. 특히 크리에이터 협업 시에는 일정 변경, 콘텐츠 수정 요청, 추가 편집 등의 변수가 많기 때문에 일정과 예산에 유연성을 확보하는 것이 중요하다.

캠페인 진행 중에는 기획안 검토, 콘텐츠 초안 리뷰, 최종 승인 및 업로드 일정 설정 등 단계별 체크포인트를 사전에 명확히 설정해야 한다. 이렇게 해야 참여 인력 전체가 일정을 기준 삼아 체계적으로 움직일 수 있다.

예를 들어, 라이브 커머스 캠페인에서는 리허설과 사전 대본 점검이 중요하고, 브랜디드 콘텐츠 협업의 경우에는 검수 일정, 썸네일 디자인 확정, 업로드 타이밍 조율 등이 주요 체크포인트가 된다.

브랜드와 크리에이터 간 역할 분담 및 협업 모델

브랜드와 크리에이터 간 역할 분담과 협업 구조를 사전에 설정하는 것도 중요하다. '크리에이터는 파트너'라는 생각으로 양측이 콘텐츠 공동 기획자이자 전략적 협업자로 기능해야 캠페인의 완성도와 성과가 모두 높아진다.

    브랜드는 콘텐츠 제작에 필요한 정보를 충분히 제공하고, 촬영 소품이나 제품, 참고 자료 등도 지원해야 한다. 또한 광고 심의 기준이나 가이드라인을 포함해 법적·윤리적 리스크 요소를 사전에 파악하고 이를 크리에이터에게 전달해줘야 한다. 이때 주의할 점은 브랜드가 콘텐츠의 세부 구성까지 과도하게 간섭해서는 안 된다는 것이다. 핵심만 제시하고 나머지는 크리에이터의 창의성을 존중하는 방향으로 접근한다.

    대표적인 협업 모델 유형은 다음과 같다.

    첫째, '일회성 콘텐츠 협찬 모델'이다. 브랜드가 특정 제품이나 서비스를 홍보하기 위해 크리에이터에게 일회성 콘텐츠 제작을 의뢰하는 방식이다. 주로 리뷰 영상, 언박싱, 브이로그 삽입 등의 형태다. 이 모델은 비교적 단순하고 진행 속도가 빠르다는 장점이 있지만, 콘텐츠의 수명이 짧고 브랜드 메시지를 깊이 있게 전달하기 어렵다는 한계도 존재한다.

    둘째, '공동 기획형 브랜디드 콘텐츠 모델'이다. 브랜드와 크리에이터가 콘텐츠의 기획 단계부터 협의하고, 일정 수준 이상의 시리즈 구성이나 테마형 콘텐츠를 제작하는 방식이다. 제작 시간이 좀 더 필요하지만 브랜드와 크리에이터 간 시너지 효과가 높고, 콘텐츠 완성도와 지속적인 확산력이 뛰어나다는 장점이 있다.

셋째, '장기 파트너십 기반 앰배서더 모델'이다. 브랜드가 일정 기간 동안 한 명 또는 소수의 크리에이터와 장기적으로 협업해 브랜드 아이덴티티를 지속적으로 알리는 방식이다. 크리에이터는 브랜드의 앰배서더로서 반복적으로 브랜드 제품을 소개하거나 브랜드 철학을 전달하며, 시청자와의 신뢰를 통해 브랜드 충성도를 높이는 데 기여한다. 이 모델은 특히 소비재, 라이프스타일, 패션, 뷰티, 건강 기능 식품 등 장기적 인지도와 이미지 관리가 중요한 카테고리에서 많이 활용된다.

넷째, '크리에이터 커스터마이징형 콜라보 모델'이다. 브랜드가 크리에이터와 함께 실제 상품을 개발하거나 캠페인 메시지를 공동으로 정의하는 방식이다. 대표적인 예로는 크리에이터가 브랜드와 함께 굿즈를 기획하거나, 브랜드가 크리에이터의 세계관에 맞춰 광고 캠페인을 기획하는 경우가 있다. 이 모델은 콘텐츠와 상품, 브랜드 메시지가 하나의 통합된 경험으로 발전할 수 있기 때문에, 크리에이터의 팬덤과 브랜드 간 깊은 관계 형성에 효과적이다.

협업을 단순 외주 작업처럼 운영할 경우, 크리에이터는 콘텐츠 제작 동기를 잃기 쉽고, 팬도 광고성 콘텐츠에 거부감을 느낄 수 있다. 반대로 브랜드가 지나치게 모든 기획과 메시지를 크리에이터에게 맡겨버리는 경우, 캠페인의 전략적 방향성이 흐려질 수 있다. 따라서 성공적인 협업을 위해 브랜드는 전략적 설계자, 크리에이터는 창의적 실현자라는 역할 인식을 공유하고, 긴밀하면서도 유연한 커뮤니케이션을 유지하는 것이 중요하다.

캠페인 실행 단계 및 실시간 운영 전략

캠페인 실행 단계는 기획을 현실화하는 과정이자 소비자와 실제 접점에서 브랜드 메시지가 전달되는 순간이다. 아무리 치밀한 사전 기획이 있어도 실행 과정에서의 미흡한 대응이나 소통 오류는 캠페인의 성과를 반감시킬 수 있으므로 꼼꼼하고 유연하게 캠페인 관리를 해야 한다.

캠페인 실행의 첫 번째 단계는 콘텐츠 제작과 검수다. 크리에이터가 합의한 일정에 맞춰 초안을 제출하면 단순히 '브랜드 언급 여부'만 체크할 것이 아니라, 메시지가 소비자에게 어떻게 전달되는지, 크리에이터의 콘텐츠 톤과 충돌 없이 조화를 이루는지 함께 검토해야 한다. 특히 브랜드에 대한 언급 방식, 상품 노출 장면, 문구 표현의 정확성, 광고 표기 준수 여부('유료 광고 포함' 명시 등)를 철저히 체크해야 한다. 수정 요청은 가급적 1~2회 이내로 줄이는 것이 좋으며, 크리에이터의 창의성과 콘텐츠 흐름을 최대한 존중하는 방향으로 조율한다.

두 번째 단계는 콘텐츠 게시 및 공개 일정의 조율이다. 게시 일정은 일관성 있게 정해야 하고, 캠페인의 메시지 흐름에 맞춰 콘텐츠 사이의 간격과 타이밍도 전략적으로 조정해야 한다. 특히 제품 출시일, 이벤트 오픈일, 주요 마케팅 일정과 맞물리는 경우라면 게시 시점을 한 치의 오차 없이 관리해야 한다. 필요한 경우, 브랜드 SNS 계정에서도 크리에이터의 콘텐츠를 동시에 공유하거나 미디어 바이럴 기사, 추가 콘텐츠(숏폼, 이미지 카드 등)를 함께 배포해 도달 효과를 극대화할 수 있다.

세 번째는 실시간 운영 전략이다. 캠페인이 본격적으로 시작되면, 실시간으로 시청자 반응을 모니터링하고 유기적으로 대응해야 한다. 소비자가 남긴 댓글 질문에 실시간으로 브랜드 담당자가 답변하거나 부정적 반응이 감지되었을 경우 크리에이터와 브랜드가 함께 대응 메시지를 논의해 게시한다. 콘텐츠가 바이럴되면서 예상 외의 반응을 불러일으킨다면 추가 콘텐츠나 안내를 제작해 상황을 관리할 수도 있다.

라이브 커머스나 실시간 방송이 포함된 캠페인의 경우, 더욱 철저한 운영 계획이 필요하다. 방송 시작 전 리허설을 통해 카메라 구도, 제품 배치, 설명 순서 등을 점검하고, 크리에이터가 브랜드 메시지를 자연스럽게 전달할 수 있도록 키 메시지나 Q&A 예상 리스트를 제공한다. 실시간 방송 중에는 실무자가 관리자 메뉴에서 주문 상황, 채팅창 반응, 시스템 장애 여부 등을 모니터링하면서, 쿠폰 발급, 배송 공지, 이벤트 안내 등을 민첩하게 운영해야 한다.

마지막으로, 캠페인 운영 중에는 사내 실무자, 대행사, 크리에이터 간의 커뮤니케이션에서 '누가 언제 어떤 결정을 내릴지'를 사전에 정의해두면, 긴급한 이슈 발생 시 책임 소재와 대응 속도를 빠르게 할 수 있다. 주요 이슈는 문서로 기록해 남기는 것이 바람직하다.

캠페인 실행과 운영 전략은 콘텐츠 품질관리와 실시간 대응, 커뮤니티 소통, 기술적 운영, 일정 조율이 복합적으로 작동하는 과정이다. 이 과정에서 실무자의 조직력과 커뮤니케이션 능력이 캠페인의 안정성과 확산력을 좌우한다. 따라서 실행 단계에서도 단순한 운영자 역할이 아닌 '경험 설계자' 역할이 요구된다.

▶ 요약 정리

성공적인 크리에이터 마케팅 캠페인은 명확한 목표 설정과 전략 수립, 브랜드와 크리에이터 간의 긴밀한 협업 구조, 그리고 실행 단계에서의 유연한 운영 능력에 의해 결정된다. 캠페인은 단순한 콘텐츠 게시가 아니라, 브랜드 메시지를 팬덤과 소비자에게 효과적으로 전달하는 하나의 '경험 설계'로 접근해야 하며, 콘텐츠 기획부터 라이브 대응, 성과 관리까지 전 과정을 체계적으로 운영할 필요가 있다.

▶ 용어 설명

- KPI: 캠페인의 성과를 측정하기 위한 핵심 지표를 말함
- 브랜디드 콘텐츠: 브랜드 메시지를 자연스럽게 녹여낸 콘텐츠 형식을 뜻함
- 앰배서더 모델: 크리에이터가 브랜드 대표자로 장기적으로 활동하는 협업 방식을 말함

▶ 토론 문제

브랜드 중심의 메시지 통제가 강한 캠페인과, 크리에이터 중심의 자율성이 높은 캠페인 중 어떤 방식이 더 효과적인지 토론해보자.

▶ 과제 예시

국내외 크리에이터 마케팅 캠페인 사례 중 하나를 선정해, 캠페인 설계 구조와 실행 방식, 협업 모델의 특징을 분석하시오.

▶ 캠페인 실행을 위한 체크리스트

- 캠페인 목표와 KPI 설정이 구체적으로 이루어졌는지 점검할 것
- 타깃 소비자와 콘텐츠 형식 간의 전략적 적합성을 검토할 것
- 브랜드와 크리에이터의 역할 분담 및 가이드라인 전달이 명확한지 확인할 것
- 콘텐츠 게시 일정과 캠페인 주요 일정 사이의 조율 여부를 점검할 것
- 실시간 모니터링 및 이슈 대응 체계를 사전에 정의했는지 확인할 것

12.

크리에이터 마케팅, 무엇을 어떻게 측정할 것인가

평균 조회수에서 ROAS까지: 캠페인 성과의 기준

크리에이터 마케팅에서 성과를 제대로 측정하고 분석하기 위해서는 핵심 지표에 대한 정확한 이해가 필요하다. 많은 사람이 단순히 구독자 수나 영상의 폭발적인 조회수만을 기준으로 채널의 성과를 판단하지만, 실제 마케팅 성과는 평균 조회수, 시청 시간, 클릭률(CTR), 노출당 비용(CPM), 광고 투자 수익률(ROAS) 등 다양한 지표를 종합적으로 분석해야 한다. 특히 브랜드와 협업하는 캠페인의 경우, 단기적으로 바이럴 된 영상 하나보다 전체 채널의 평균 성과를 훨씬 더 중요하게 평가한다.

유튜브 채널의 '활성도'를 측정할 때 가장 주목해야 할 지표는 평균 조회수다. 구독자가 10만 명인 채널이라 하더라도 평균 조회수가 1만 미만으로 떨어지는 경우, 그 채널은 마케팅 관점에서 '비활성화한' 채널로 간주된다. 평균 조회수는 채널의 지속적인 영향력과 시청자와의 관계성을 보여주는 지표다. 광고주나 마케터는 평균 조회수 추이를 모니터링해야 한다.

'시청 시간'도 중요한 평가 기준이다. 시청 시간은 특정 기간 동안 시청자들이 채널에 머문 시간을 누적한 것으로, 유튜브 알고리즘이 해당 채널을 얼마나 '가치 있는 채널'로 판단할지를 결정하는 주요 기준이다. 유튜브는 오프라인 매장과도 같아서 사람들이 오래 머무는 공간일수록 더 많은 광고를 노출할 수 있고, 광고 수익도 높아진다. 따라서 시청 시간이 꾸준히 유지되거나 증가하는 채널은 유튜브 내부에서도 추천 우선순위가 올라가며, 광고주에게도 신뢰할 수 있는 미디어로 인식된다. 반대로 시청 시간이 하락하면 알고리즘 추천이 줄어들고, 구독자 수는 그대로여도 실질적인 도달력은 현저히 떨어질 수 있다.

이러한 채널 시표 외에도, 캠페인 성과를 측정하기 위해 이해해야 할 지표들이 있다.

CPM(Cost Per Mille)은 광고 1,000회 노출당 비용으로, 브랜드 입장에서 예산 대비 얼마나 많은 사람에게 도달했는지를 판단하는 핵심 지표다. 일반적으로 CPM이 낮을수록 같은 예산으로 더 많은 노출을 확보할 수 있으므로 광고 단가 측면에서 효율적인 캠페인으로 평가된다.

CTR(Click Through Rate, 클릭률)은 노출된 콘텐츠나 광고 중 실제 클릭으로 이어진 비율을 의미한다. 썸네일을 보고 영상을 클릭한 비율, 영상 설명란의 링크를 클릭한 비율 등이 포함된다. CTR은 콘텐츠의 흥미도, 제목·썸네일 구성력, CTA(Call to Action, 행동 유도 문구)의 유효성 등을 반영하는 중요한 지표다. CTR이 낮다는 것은 콘텐츠가 플랫폼 내에서 일정 수준 이상 노출되었음에도 불구하고 시청자들이 실제로 해당 콘텐츠를 클릭하지 않았다는 것을 의미한다. 즉, 노출에는 성공했지만 클릭이라는 행동으로 이어지지 않았다는 점에서 콘텐츠 자체의 품질보다는 '클릭 유도 구조'에 문제가 있을 가능성이 높다.

이는 콘텐츠의 설계 방식, 특히 썸네일 이미지와 제목 구성, 시청자의 관심을 끌어내는 첫인상 요소가 매력적이지 않다는 신호일 수 있다. 콘텐츠가 타깃 시청자의 니즈와 충분히 연결되지 않았을 가능성도 함께 점검해야 한다. 따라서 CTR이 낮을 경우, 단순히 콘텐츠를 제작한 이후의 결과로 보지 말고, 콘텐츠가 클릭되기까지의 '심리적 여정'과 '사용자 경험 흐름'을 되짚어보며 개선점을 찾아야 한다.

ROAS(Return on Ad Spend)는 광고비 대비 매출 기여도를 측정하는 지표로 가장 직관적인 광고 효율 판단 기준 중 하나다. ROAS는 '투입한 광고비 1원당 몇 원의 매출이 발생했는가?'를 보여주는 수치이며, 캠페인의 '성과'에 대해 브랜드가 최종적으로 판단하는 기준이 되기도 한다. ROAS가 낮다는 것은 콘텐츠나 광고가 일정 수준 이상 노출되었음에도 불구하고, 실제 구매 전환으로 이어지지 않았다는 것을 의미한다. 이는 곧 마케팅 활동이 투자 대비 수익을 효과적으로 창출하지 못했다는 뜻으로, 단순 노출이나 조회수보다 훨씬 더 본질적인 문제를 반영한다.

이 경우에는 콘텐츠 내에서 CTA의 명확성, 제품 또는 서비스의 매력도 전달 방식, 구매 링크나 결제 흐름의 직관성, 사용자 경험의 편의성 등을 종합적으로 점검할 필요가 있다. 특히, 구매 버튼이 콘텐츠 어디에 위치했는지, 클릭 동선은 얼마나 간결했는지, 사용자가 제품에 대해 충분한 정보를 받았는지도 중요한 체크포인트다.

이렇게 광고주나 대행사는 평균 조회수, 시청 시간, CTR, ROAS 등 다양한 지표를 종합적으로 분석해 크리에이터의 실질적인 영향력을 판단한다.

성과 분석 이후의 액션플랜 수립법

크리에이터 마케팅 캠페인은 데이터 해석을 바탕으로 개선점과 인사이트를 도출하고, 이를 기반으로 다음 캠페인을 더 정교하게 기획하는 순환 구조를 구축해야 한다. 평균 조회수, CTR, ROAS 등 주요 지표를 해석한 뒤 어떻게 실질적인 액션플랜으로 연결할 수 있는지, 실무 단계별로 살펴본다.

첫째, CTR이 낮은 경우에는 콘텐츠의 '외형적인 첫인상', 즉 썸네일, 제목, 첫 화면 시각 구성 등을 점검해야 한다. 예를 들어, 유튜브에서는 흥미로운 썸네일을 중심으로 한 영상이 평균 클릭률을 크게 높이는 경향이 있으며, 특히 시청자와의 정서적 연결 지점이 있는 문구(예: "이건 꼭 보셔야 해요" "1년간 써보고 말합니다")가 긍정적으로 작용할 수 있다. 썸네일과 제목은 단순 미학적 요소가 아니라 콘텐츠의 기대치를 결정짓는 핵심 유도장치이기 때문에, A/B 테스트를 통해 썸네일을 교체하거나 제목의 어조를 변경해보는 것도 전략적인 접근이다. 특히 브랜드 협업 콘텐츠의 경우, 너무 광고처럼 보이는 썸네일은 클릭을 저해할 수 있으므로 자연스럽고 진정성 있는 이미지와 문구 조합을 고민해야 한다.

둘째, ROAS가 낮은 경우는 콘텐츠 안에 포함된 CTA의 명확성과 구매 동선 유도 흐름을 꼼꼼히 분석해야 한다. "자세한 내용은 더보기란에 있어요" "할인 쿠폰은 여기서 받으실 수 있어요"라는 메시지가 콘텐츠 어디에 위치했는지, 구매 링크가 얼마나 잘 보이고 클릭 가능한 방식으로 설계되었는지 등을 점검한다. 특히 모바일 중심의 쇼핑 환경에서는 CTA 버튼의 위치나 강조 방식이 미세하게만 바뀌어도 구매 전환율이 크게 달라질 수 있다. 또한 제품 소개 방식 자체가 시청자에게 실질적인 매력이나 필요성을 느끼게 만들었는지를 되돌아볼 필요가 있다. 단순한 제품 설명이 아니라 리뷰, 비교, 체험, 데모, 후기 재구성 등의 방식이 더 효과적일 수 있으며, 특히 팬덤 기반의 크리에이터일수록 '추천 이유'가 진정성 있게 들리는 여부가 결정적이다.

이러한 분석 흐름은 퍼포먼스 마케팅 관점에서 중요하게 여겨진다. 비용 대비 효과, 즉 ROAS를 최적화하는 데 집중하는 방식이기 때문이다. 크리에이터 마케팅에서도 실질적인 구매 유도와 전환 성과를 중심으로 한 '퍼포먼스 크리에이터' 전략이 주목받고 있다.

셋째, 콘텐츠를 평가한 뒤에는 구체적인 개선안과 후속 액션플랜을 수립해야 한다. 예를 들어, 콘텐츠별 평균 조회수와 댓글 반응을 비교한 결과, 특정 유형의 콘텐츠(예: 브이로그 형태의 사용기)는 반응이 좋았지만, 다소 일방적인 제품 소개 영상은 참여율이 낮았다면, 다음 협업에서는 첫 번째 포맷을 중심으로 설계를 바꾸는 것이 필요하다. 또는 브랜드 캠페인 해시태그가 실제로 얼마나 활용되었는지를 분석해, 참여도가 낮았던 경우에는 이벤트 보상 구조나 해시태그 캠페인 방식 자체를 조정해야 한다.

넷째, 크리에이터에게 피드백을 제공하고 협업 관계를 유지하는 것도 중요한 사후 관리 전략이다. 어떤 영상이 효과가 좋았는지, 어떤 부분은 아쉬웠는지를 데이터를 근거로 공유하면서, 단순히 결과에 대한 칭찬이나 비판을 넘어 다음 협업에 반영할 수 있는 방향성을 제시해야 한다.

마지막으로, 분석 이후 도출된 인사이트는 단순히 '해당 캠페인'에 머무는 것이 아니라, 브랜드의 전체 마케팅 전략에 반영해야 한다. 예컨대 A 크리에이터는 참여율이 높았던 반면, B 크리에이터는 인지도는 있었지만 실제 전환율이 낮았다는 결과가 나왔다면, 다음 마케팅에서는 A 유형의 크리에이터군을 확장하거나 콘텐츠 협업 방식을 전환하는 전략을 구상할 수 있다. 브랜드 공식 채널에서 운영하는 콘텐츠에도 이런 경험치를 반영해 브랜드 자체 미디어의 완성도를 높이는 기회로 삼는 것이 바람직하다.

결과적으로 성과 분석은 단순 수치의 정리가 아니라, 미래 전략을 설계하는 출발점이다. 수치 너머의 인사이트를 읽고, 콘텐츠의 구조·메시지·플랫폼 전략을 재정비할 수 있는 실행력까지 갖추었을 때, 크리에이터 마케팅 캠페인은 단발성 광고에서 벗어나 브랜드 성장의 지속적인 자산으로 작용할 것이다.

▶ 요약 정리

크리에이터 마케팅의 성과를 측정할 때는 단순 조회수나 구독자 수보다 평균 조회수, 시청 시간, CTR, ROAS 등 다양한 지표를 종합적으로 분석하는 것이 중요하다. KPI는 캠페인의 목표를 수치화한 기준이며 인지도, 참여도, 전환율 등 목적에 따라 설정해야 한다. 성과 분석 이후에는 콘텐츠 설계, CTA 위치, 크리에이터 피드백, 협업 방식 등을 조정해 다음 캠페인의 전략을 정교화해야 한다. 수치는 보고서가 아니라 전략 수립의 출발점이다.

▶ 용어 설명

- CTR: 콘텐츠 노출 횟수 대비 클릭 비율을 의미함
- ROAS: 광고비 대비 수익률을 나타내는 지표로, 퍼포먼스 마케팅에서 핵심적으로 활용됨
- CTA: 콘텐츠 내에서 사용자의 행동을 유도하는 문구나 디자인 요소를 의미함
- KPI: 캠페인 성공 여부를 판단하기 위한 핵심 지표로, 브랜드 목표에 따라 달라질 수 있음
- 시청 시간(View Duration): 시청자들이 콘텐츠를 시청한 총시간으로, 유튜브 알고리즘에서 중요한 평가 요소로 작용함

▶ 토론 문제

크리에이터 마케팅 성과 분석에서 단순 노출 수보다 ROAS나 CTR을 더 중시해야 하는 이유에 대해 토론해보자.

▶ 과제 예시

협업 크리에이터 3인의 최근 콘텐츠를 비교 분석해 평균 조회수, CTR, ROAS 기반의 성과 리포트를 작성해보자.

▶ 성과 측정과 개선을 위한 체크리스트

- 성과 지표별 측정 목적과 해석 기준을 분류할 것
- CTR이 낮은 콘텐츠의 썸네일, 제목, CTA 위치를 점검할 것
- ROAS가 낮은 경우, 구매 유도 흐름과 콘텐츠 설계를 분석할 것
- 성과 분석 결과를 바탕으로 다음 액션플랜을 수립할 것
- 캠페인 종료 후 크리에이터와 성과 피드백을 공유할 것

V.

크리에이터가 꼭 알아야 할 법과 윤리

13.

광고 표기,
어디까지 지켜야 할까

표시광고법과 추천·보증 심사지침의 이해

'표시·광고의 공정화에 관한 법률'(이하 '표시광고법')과 '추천·보증 등에 관한 표시·광고 심사지침'(이하 '추천·보증 심사지침')은 크리에이터가 숙지해야 하는 법률과 기준이다.

표시광고법은 소비자 보호와 공정한 경쟁 질서 유지를 목적으로 제정된 법률로, 크게 세 가지 근본적인 이념을 담고 있다. 첫 번째는 소비자 보호다. 현대사회에서 상품과 서비스가 다양화되고 복잡해지면서, 소비자는 정확한 정보를 얻기 위해 광고에 크게 의존한다. 부정확하거나 오해를 일으킬 수 있는 광고로 인해 소비자가 잘못된 구매 결정을 내리는 것을 방지하기 위해, 정확하고 투명한 정보를 제공하도록 하는 것이 표시광고법의 핵심 목표다.

두 번째는 공정한 경쟁 질서의 확립이다. 허위나 과장된 광고는 경쟁을 왜곡하고 시장 질서를 어지럽힐 수 있다. 표시광고법은 부당한 광고를 규제함으로써 모든 사업자가 정당한 경쟁을 펼칠 수 있는 환경을 조성하는 것을 목적으로 한다.

세 번째는 창의적이고 혁신적인 광고 활동을 장려하는 것이다. 표시광고법은 부당한 광고를 규제하되, 창의적인 표현과 혁신적인 광고 활동은 적극적으로 보호하고 장려하는 방향으로 운영된다.

크리에이터가 브랜드의 상품이나 서비스를 소개하는 브랜디드 콘텐츠는 일반적으로 '추천' 또는 '보증'의 형태로 간주된다. 이는 크리에이터의 영향력을 바탕으로 소비자의 선택에 실질적인 영향을 미칠 수 있기 때문에, 단순 광고보다 엄격한 기준이 적용된다. 이러한 행위에 대해 공정거래위원회는 추천·보증 심사지침을 통해 가이드라인을 제시하고 있다. 이 지침은 표시광고법의 취지를 구체화한 것으로, 특히 경제적 이해관계의 존재 여부와 이를 표시하는 방법을 명시하고 있으며, 크리에이터가 광고 콘텐츠를 제작할 때 준수해야 할 실질적인 기준을 제공한다.

여기서 핵심 개념은 '경제적 이해관계'다. 이는 단순히 금전적 대가를 받는 경우만을 의미하지 않는다. 제품이나 서비스를 금전적 대가 없이 제공받거나, 할인된 가격으로 제공받거나, 판매 수익의 일부를 받는 경우처럼 다양한 형태의 보상도 모두 경제적 이해관계에 포함된다. 크리에이터는 직접적인 광고비를 받지 않았다고 해서 광고 표기 의무에서 벗어나는 것이 아니다. 가령, 화장품 브랜드에서 제품을 무료로 제공받아 리뷰 영상을 제작한 경우 콘텐츠의 제목이나 영상 시작 부분에 '협찬' '제품 제공' 같은 문구를 표시해야 한다.

추천·보증 심사지침에 따르면, 크리에이터가 광고주로부터 어떠한 형태의 경제적 이익을 받을 때는 이 사실을 소비자가 쉽게 인지할 수 있는 위치에 표기해야 한다. 특히 이 심사지침은 영상의 마지막 부분에 작게 표기하거나, 댓글 또는 설명란처럼 소비자가 잘 보지 않는 위치에 표기하는 행위는 적절한 조치로 인정하지 않는다. 인스타그램에 제품 사용 후기를 올릴 경우, 본문 첫 줄 또는 첫 해시태그에 '#광고' '#협찬'을 표기하거나, 유튜브에서는 제목 또는 영상 초반부에 "본 영상은 유료 광고를 포함하고 있습니다"와 같은 문구를 포함해야 한다.

이러한 광고 표기 기준은 특히 2020년 9월 공정거래위원회의 추천·보증 심사지침 개정 이후 크리에이터 산업에서 큰 이슈가 되었다. 당시 공정거래위원회는 일부 유명 크리에이터들이 광고임을 밝히지 않아 소비자에게 오해를 불러 일으키는 사례가 많다는 문제의식에서 이 심사지침을 더욱 엄격히 개정했다. 개정안에서는 특히 '선물' '체험단' '이벤트 당첨' 같은 애매한 용어를 사용해 광고 표기를 회피하는 것을 금지했다. 이로 인해 광고를 숨기거나 모호하게 표시하던 일부 크리에이터와 브랜드가 실제로 행정처분을 받는 사례가 발생하면서, 크리에이터 사이에서 표시광고법과 추천·보증 심사지침 준수에 대한 경각심이 크게 증가했다.

2024년 12월에 다시 개정된 이 심사지침은 크리에이터가 제작한 콘텐츠에 포함된 경제적 이해관계의 표시 위치와 방식을 더욱 명확하게 규정했다. 특히 이번 개정은 블로그 등 텍스트 기반 플랫폼을 포함한 전반적인 지침을 재정비한 것으로, 플랫폼 간 표기 위치의 차이를 없애고 통일된 기준을 마련했다.

기존에는 블로그의 경우 본문 처음이나 마지막 중 한 곳에 경제적 이해관계를 표시해도 허용되었으나, 개정안에서는 유튜브·인스타그램 등 시각 기반 콘텐츠와 마찬가지로 본문 첫 문장 또는 제목 같은 초입부에 명시하는 것으로 바뀌었다. 소비자가 콘텐츠를 열람하기 전 또는 초기 단계에서 광고 여부를 즉시 인지할 수 있도록 하기 위함이다.

따라서 브랜드가 제품을 무상 제공하거나, 유료로 협찬한 경

(그림 6) (좌) 인스타그램 본문 처음 '#광고' 표기, (우) 블로그 본문 처음 '제품 또는 서비스를 받아' 표기

우, 크리에이터는 '협찬' '제품 제공' '유료 광고' 등의 용어를 콘텐츠의 제목 또는 본문 서두에 표기해야 하며, '선물받음' '감사합니다' 같은 모호한 표현은 인정되지 않는다. 제휴 링크나 할인 쿠폰을 제공하는 경우에도 해당 링크와 함께 광고 사실을 병기해야 한다.

크리에이터는 콘텐츠를 제작할 때 광고주와의 사전 협의 과정에서 광고 표기 방식과 문구 사용에 대한 기준을 정하고, 광고주 측에서 법적 기준에 어긋나는 요구를 할 경우에는 그에 대해 정중히 설명하고 조율할 책임이 있다. 콘텐츠 공개 이후에도 시청자와의 신뢰를 지키기 위해, 댓글을 통한 질문에 성실하게 응답해야 한다.

협찬 제품을 소개한 콘텐츠에 시청자가 "이거 진짜로 써보신 거예요?" 또는 "광고인 줄 몰랐어요. 그냥 직접 산 건 줄 알았어요"라고 댓글을 남겼을 때, 크리에이터가 "네, 이 제품은 브랜드로부터 협찬을 받아 소개한 것이고, 실제로도 제가 일주일간 사용해보고 솔직하게 리뷰한 내용입니다"와 같이 투명하게 사실관계를 밝히는 답변이 신뢰 형성에 도움이 된다.

결국 광고 투명성은 법적 제재만을 피하기 위한 최소한의 절차가 아니라, 장기적인 신뢰 자산을 축적하기 위한 핵심 윤리 기준이다. 크리에이터 시장이 성장할수록 소비자의 눈은 더 예리해지고 기대치는 높아진다. 단기적으로 광고를 숨기거나 모호하게 표현해 얻는 이익은 신뢰를 잃고 이탈한 팬층을 다시 회복하는 데 드는 시간과 비용을 절대 상쇄할 수 없다.

투명성과 신뢰를 위한 윤리적 콘텐츠 제작

크리에이터 콘텐츠가 주요 마케팅 채널로 자리 잡으면서, 광고 표기에 대한 책임과 투명성 확보는 필수적인 요소가 되었다. 표시광고법에 따르면 광고 표기 위반 시 직접적인 처벌 대상은 광고주(브랜드)이지만, 크리에이터 역시 소비자를 기만하거나 오인하게 할 의도적인 행위에 관여한 경우 민사적 책임 또는 공정거래위원회의 조사 대상이 될 수 있다. 따라서 광고 표기 문제는 크리에이터 개인이나 브랜드 어느 한쪽만의 책임으로 볼 것이 아니라, 브랜드와 크리에이터가 함께 해결해야 하는 공동 책임으로 이해해야 한다.

광고 표기의 책임을 브랜드와 크리에이터가 공동으로 지는 것은 법적인 책임뿐 아니라 도덕적 책임을 함께 진다는 의미이기도 하다.

크리에이터의 콘텐츠가 광고인지 아닌지 판단하는 것은 때로 모호하게 느껴질 수 있다. 콘텐츠 제작 과정에서 다음과 같은 자가 점검 항목을 통해 광고 여부를 판단할 수 있어야 한다.

우선 콘텐츠를 제작하면서 제품이나 서비스를 무료로 제공받았거나 금전적 또는 그에 준하는 혜택(할인 혜택, 수수료, 제품 판매 수익 등)을 받았다면, 해당 콘텐츠는 광고로 간주된다. 또한 브랜드나 기업으로부터 제공받은 내용을 기반으로 콘텐츠를 작성하는 경우에도 광고 표기를 해야 한다.

특히 광고주로부터 제품을 제공받았지만 '개인적인 의견'이라는 이유로 광고 표기를 하지 않는 것은 허용되지 않는다. 브랜드와 직접적인 계약이나 협의가 없었더라도 제휴 링크를 통해 수익을 얻거나 할인 코드를 통해 경제적 이익을 얻는다면 이 역시 광고로 간주된다.

▶ 요약 정리

크리에이터가 제작하는 광고성 콘텐츠는 표시광고법과 추천·보증 심사지침의 규제를 받는다. 특히 경제적 이해관계가 있는 콘텐츠는 반드시 소비자가 쉽게 인지할 수 있도록 명확한 광고 표기를 해야 한다. 플랫폼별로 광고 표기 위치와 방식이 세부적으로 규정되어 있으며, 이를 위반할 경우 브랜드와 크리에이터 모두 법적·도덕적 책임을 질 수 있다. 광고 투명성은 단순한 법률 준수가 아니라, 장기적인 팬 신뢰와 채널 지속성에 있어 핵심 윤리 기준이 된다.

▶ 용어 설명

- 표시광고법: 소비자의 권익 보호와 공정한 시장 경쟁을 위해 광고의 허위·과장·기만 행위를 규제하는 법률
- 추천·보증 심사지침: 표시광고법을 구체적으로 설명한 기준으로, 크리에이터 등 인플루언서가 경제적 이해관계를 콘텐츠에 투명하게 표시할 수 있도록 하는 공정거래위원회의 가이드라인
- 경제적 이해관계: 크리에이터가 브랜드로부터 받는 금전, 제품, 서비스 등 모든 형태의 경제적 이익을 의미함
- 회피성 표현: 광고라는 사실을 밝히지 않고 '체험단' '선물' '이벤트 당첨' 등의 용어로 광고 표기를 모호하게 만드는 표현

▶ 토론 문제

광고 표기 투명성이 크리에이터 채널의 장기적인 성장과 신뢰 확보에 왜 중요한지 토론해보자.

▶ 과제 예시

크리에이터 3인의 유튜브 또는 인스타그램 광고 콘텐츠를 분석하고, 광고 표기 방식의 적절성과 개선 방향을 리포트로 작성해보자.

▶ 광고 표기 준수를 위한 체크리스트

- 경제적 이해관계가 있는 경우 광고 표기 필요 여부를 점검할 것
- 각 플랫폼별 제목, 첫 문장, 설명란 등 광고 표기 위치를 확인할 것
- '선물' '체험' 등 모호한 표현을 피하고 명확한 문구를 사용할 것
- 광고주와 광고 표기 방식 사전 협의 및 조율 여부를 점검할 것
- 댓글 질문 등에 성실하게 응답하며 투명한 소통 태도를 유지할 것

14.

저작권, 이것만은 반드시 알자

저작권이란 무엇인가: 창작물 보호의 원칙과 범위

저작권은 인간의 사상이나 감정을 표현한 창작물을 법적으로 보호하기 위한 제도로, 창작자가 자신의 창작물을 독점적으로 활용할 수 있도록 권리를 부여한다. 이를 통해 크리에이터는 자신이 만든 작품이 무단으로 복제, 변형, 배포되는 것을 막고 정당한 가치를 인정받을 수 있다. 다만 여기서 보호되는 것은 단순한 아이디어가 아니라 고유하고 독창적인 표현이 담긴 결과물이다. 예를 들어, 게임이라는 아이디어 자체는 저작권 보호 대상이 아니지만, 그것을 구체적으로 구현한 게임 시나리오 대본이나 일러스트, 음향 같은 표현물은 저작권을 행사할 수 있는 창작물이 된다. 저작권에는 창작물이 가진 경제적 가치를 지키는 저작재산권, 창작자의 이름을 명시하도록 하거나 작품을 함부로 훼손하지 못하도록 하는 저작인격권이 있다. 또한 베른협약이나 세계지식재산권기구(WIPO) 협정에 따라 일정 요건을 충족하는 창작물은 국내외를 막론하고 국제적으로 보호받을 수 있다.

저작권으로 보호되는 창작물의 범위는 생각보다 넓다. 글의 경우 소설, 시, 에세이, 기사, 학술 논문, 블로그 게시물처럼 텍스트 기반으로 쓰인 모든 형태가 보호 대상이다. 음악 분야에서는 작곡, 작사, 녹음된 음원뿐 아니라 편곡이나 샘플링, ASMR, 팟캐스트 같은 음성 콘텐츠도 보호받을 수 있다. 이미지는 사진, 그림, 포스터, 로고, 일러스트, 만화 등이 모두 포함되며, 디지털 디자인이나 UI·UX 요소도 폭넓게 인정을 받는다. 영상은 영화, 드라마, 애니메이션, 다큐멘터리, 유튜브 동영상처럼 시각적으로 표현된 모든 콘텐츠를 말하며 연출, 편집, CG 같은 작업 과정도 함께 보호 받는다. 컴퓨터 프로그램과 소프트웨어 역시 코딩으로 작성한 소스코드, 앱, 라이브러리, 게임 엔진 등 모두를 포괄하며, 게임 리소스나 서버 프로그램까지도 저작권 보호 대상이 될 수 있다. 원저작물을 바탕으로 새롭게 창작된 파생 콘텐츠는 2차 저작물에 속하는데, 이 형태 역시 원저작자의 허락 없이는 제작과 게시에 문제가 생기므로 주의가 필요하다.

저작권은 창작자에게 복제나 전송, 공연 같은 활용 방식에 대한 권리를 독점적으로 부여한다. 이를 저작재산권이라고 부르는데, 작품을 어떻게 배포하고 어떤 방식으로 활용할지 전적으로 결정할 수 있다.

창작자의 명예와 창작 의도를 지키기 위해 마련된 저작인격권은 작품 제목 옆에 창작자의 이름을 밝히도록 요구하거나, 작품을 임의로 변경해 훼손할 수 없도록 막아주는 권리다. 이런 권리들이 있기에 누군가 내 작품을 무단으로 사용했을 때 법적으로 문제를 제기하고, 정당한 보상을 요구할 수 있다.

디지털 시대에는 누구나 쉽게 콘텐츠를 만들고 공유하지만, 이런 편리함 때문에 저작권 문제가 자주 발생한다. 특히 영상 편집 과정에서 인기 음악을 무단 삽입하면 심각한 저작권 침해 경고가 들어올 수 있다. 음악 저작권은 작곡과 작사, 편곡, 음원 사용 등 복잡하게 얽혀 있어서 조금만 부주의해도 문제가 생긴다. 인터넷에서 쉽게 구한 무료 이미지나 동영상 클립, 폰트 역시 라이선스를 꼼꼼히 확인해야 한다. '상업적 이용 금지'나 '출처 표기' 같은 조건을 지키지 않으면 결국 저작권 침해가 될 수 있다.

원저작물을 패러디하거나 밈으로 활용할 때도 무조건 공정 이용을 인정받는 것은 아니며, 사회적 비평이나 풍자라는 요건을 충족하지 못하면 침해로 간주될 가능성이 높다. 원본 콘텐츠를 편집해서 '새로운 작품'이라고 주장해도 저작권자의 허락 없이는 합법적인 2차 저작물로 인정받기 어렵다. 예를 들어, 방송사 영상을 캡처해 짜깁기하거나 영화 예고편을 무단으로 붙여 넣으면 단순히 출처를 표기했다고 해서 책임에서 완전히 벗어날 수는 없다. 이런 요소들은 각 플랫폼이나 국가별로 세부 가이드라인이 다르기 때문에 창작자 입장에서는 사전에 규정을 정확히 파악하고 따라야 한다.

다만, 모든 저작권이 영원히 지속되는 것은 아니다. 저작재산권은 보호 기간이 정해져 있어서 일정 기간이 지나면 해당 창작물을 공공의 자산처럼 자유롭게 활용할 수 있다. 반면, 창작자의 인격을 보호하는 저작인격권은 원칙적으로 작품이 계속 존재하는 한 유지된다.

저작권에는 예외 조항이 있어, 공익 목적으로 작품을 인용하거나 풍자할 경우 일정 범위 내에서 법적 보호를 받기도 한다. 하지만 범위가 생각보다 좁기 때문에 누구나 자유롭게 가져다가 쓸 수 있다고 단정 짓기는 어렵다.

저작권을 침해하면 플랫폼 경고나 계정 정지는 물론, 손해배상

청구나 채널 삭제 같은 심각한 상황까지 이어질 수 있다. 저작권을 존중하고 합법적 범위 안에서 창작 활동을 하는 것은 크리에이터 생태계를 건강하게 유지하기 위한 핵심 요소다.

콘텐츠 제작 시 지켜야 할 저작권 실무

폰트(글꼴)의 경우, 컴퓨터나 디자인 프로그램에 기본으로 설치되어 있는 것일지라도 모든 상업적 용도에 자유롭게 사용할 수 있는 것은 아니다. 일부 폰트는 개인용으로 무료 제공되지만, 상업적 이용이나 웹사이트 임베드에는 별도의 라이선스가 필요하기도 하다. 예를 들어, 무료로 배포된 글꼴이라도 명함, 포스터 등 인쇄물 제작에 사용할 경우 상업적 이용으로 간주될 수 있으므로, 사용 전 라이선스 조건을 반드시 확인해야 한다. 명시된 용도 외에 무단으로 글꼴을 재배포하거나, 다른 사람에게 재판매하려는 시도는 당연히 금지 대상이다. 글꼴의 저작권 문제를 피하기 위해서는 처음부터 '상업적 이용이 가능한 무료 폰트' 리스트를 확인하거나, 유료 라이선스를 구매하는 것이 가장 안전하다. 더불어 폰트 라이선스 문서를 꼼꼼히 읽는 습관을 들여야 한다.

    이미지나 영상 클립, 배경음악도 인터넷에서 쉽게 구할 수 있는 자료라고 해서 저작권이 없는 것은 결코 아니다. 많은 사이트에서 '무료 다운로드'를 표방하고 있지만, 그럼에도 불구하고 '비상업적 용도만 가능'이라는 제한이 붙거나, 출처 표기를 의무화하는 경우가 흔하다. 예를 들어, 상업용 영상에 특정 스톡 이미지를 삽입하려 할 때, 그 이미지가 'CC BY 라이선스(저작자 표시)'인지 'CC0 라이선스(저작자 표시 불필요)'인지, 혹은 플랫폼에서 별도로 제시하는 '사전 승인 범위'에 해당하는지를 정확히 구분해야 한다. 무심코 다운로드해서 배경에 삽입했는데 해당 라이선스를 위반했다면, 나중에 라이선스 업체나 저작권자가 문제를 제기할 수 있으므로 주의 깊게 살펴봐야 한다. 유튜브나 다른 소셜 플랫폼에서는 영상에 삽입된 음악의 저작권을 자동으로 판별하는 기술을 운용하기 때문에, 배경음악을 무단으로 쓰면 바로 수익 창출이 막히거나 경고를 받을 수 있다는 점도 기억해야 한다.

무료 소스나 로열티 프리(Royalty-Free) 콘텐츠를 올바르게 사용하는 방법도 알아야 한다. '로열티 프리'라는 용어는 자칫 '완전히 무료'라고 오해하기 쉬우나, 실제로는 일정 비용을 지불하거나 이용 약관에 동의하면 반복적으로 사용하는 데 추가 로열티 비용을 내지 않아도 된다는 개념일 뿐이다. 즉, 한 번 구매하면 계속 쓸 수 있다는 의미이지, 무조건 모든 용도에서 제약 없이 쓰는 것을 보장하는 것은 아니다.

로열티 프리 이미지 사이트에서 사진을 구매했는데, 특정 제품 광고물에서만 쓰도록 제한되어 있을 수도 있고, 혹은 오프라인 인쇄물은 허가하되 TV 광고 송출이나 OTT 플랫폼 같은 대규모 노출 매체에는 별도의 라이선스 추가 비용이 발생하는 경우도 있다. '로열티 프리'라고 적혀 있더라도 각 파일마다 사용 범위가 미묘하게 다를 수 있으니, 구매 시점에 해당 조건을 정확히 파악하고 만약 불명확하다면 제공사에 직접 문의하는 것이 확실한 방법이다.

공정 이용(Fair Use)과 인용 규정은 크리에이터들에게 혼동을 주는 대표적인 저작권 영역이다. 많은 이들이 '공정 이용이라면 내 마음대로 다른 작품을 활용할 수 있지 않나?'라는 오해를 한다. 그러나 공정 이용은 교육, 비평, 연구, 보도 목적으로 제한된 범위 내에서 타인의 창작물을 인용할 수 있도록 허용해주는 개념이고, 각 국마다 기준이 조금씩 다르다. 예를 들어, 비평을 위해 짧게 일부 장면을 보여주는 것은 허용될 수 있으나, 작품 내용을 알 수 있을 정도로 대량 인용하거나 작품이 주요 특징이라고 할 만한 부분을 길게 노출하면 문제가 될 수 있다. 패러디나 밈도 비슷한 맥락에서 '풍자의 목적' 등 명백한 사회적 의의가 인정되지 않으면 저작권 침해로 판단받을 확률이 높다. 또한 인용을 할 때는 출처 표기가 필수적이며, 해당 인용이 없었더라면 설명 자체가 성립하기 어려운 수준이어야 한다. 단순히 멋있는 장면이나 음악을 삽입해 영상의 완성도를 높이기 위해서라면, 이는 공정 이용의 범위 밖으로 보는 것이 일반적이다.

오해가 많은 사례 중 하나는 '저작자의 이름만 밝혀주면 문제없다'는 잘못된 상식이다. 실제로는 원저작자의 허락 없이 작품을 전부 혹은 대부분 사용하면, 이름을 표기했더라도 저작권 침해에 해당한다. 인용은 보조적인 수단에 불과해야 하며, 창작자 본인의 주장이나 해석을 뒷받침하는 목적으로 삽입되는 정도라야 공정 이용에 가깝다고 볼 수 있다. 그러므로 공정 이용이나 인용을 주장하기 전에 법적 기준과 업계의 일반적인 관행을 미리 확인하는 것이 좋다. 법원에서는 여러 요소를 종합적으로 검토해 최종적으로 침해 여부를 판단하기 때문에, '다들 그렇게 하니까 나도 괜찮겠지'라는 식의 접근은 대단히 위험하다.

결국 콘텐츠 제작 시 저작권 문제를 사전에 철저히 체크하고, 이용 허락을 정당하게 얻거나 적법한 라이선스 상품을 구비해두면 활동에 제약 없이 다양한 시도를 할 수 있다.

유튜브 Content ID 시스템의 이해와 활용법

유튜브의 Content ID 시스템은 유튜브 내에서 업로드되는 방대한 영상을 자동으로 분석해 특정 음원이나 영상 클립이 무단으로 사용되었는지 파악함으로써 저작권자를 보호하는 핵심 기술이다. 저작권자가 음원이나 영상 원본 파일을 등록하면 유튜브는 이를 레퍼런스 데이터베이스에 저장해둔다. 이후 새로운 영상이 업로드될 때마다 영상 내부의 음악이나 화질과 프레임 구간을 분할 분석해 이 레퍼런스 파일과 일치·유사성 여부를 대조한다. 상당한 수준으로 일치한다고 판명되면 즉시 저작권자에게 통보하고, 저작권자는 그에 따라 영상을 차단하거나 수익 창출분을 가져가거나 계속 모니터링할지 결정할 수 있다. 동시에 클레임이 제기된 채널에는 경고 또는 수익 차단 등의 조치가 취해질 가능성이 높다.

콘텐츠 소유자가 Content ID를 활용하는 방식은 크게 세 가지다. 먼저 무단 사용이 적발된 영상을 바로 차단해 노출을 막는 방법이 있는데, 이는 저작권자가 자신의 작품이 함부로 공개되지 않도록 하고 싶을 때 효과적이다. 다음으로 무단 사용된 영상을 그대로 둔 채 광고를 붙여서 발생하는 수익을 저작권자가 가져가는 방법도 가능하다. 이 경우 본인의 작품이 널리 퍼지는 것을 허용하면서도 광고 수익이라는 실질적 보상을 얻을 수 있다. 마지막으로는 트래킹 방식을 들 수 있는데, 이를 통해 저작권자는 해당 콘텐츠의 사용 실태를 일정 기간 관찰하고 이후에 적절한 조치를 결정할 수 있다.

Content ID 권한을 부여받으려면 일정 기준을 충족해야 하는데, 일반적으로 여러 음원이나 영상 라이브러리를 운영하면서 유튜브가 공식적으로 인정한 사업자나 파트너사여야 하고, 공식 파트너 프로그램을 통해 유튜브와 직접 계약을 맺거나 MCN 또는 음원 유통사, 지식재산 전문 기업 등과 제휴를 맺어 Content ID 사용을 승인받아야 하며, 저작권 침해 리스크가 없는 합법적 콘텐츠를 많이 제작하면서 일정 규모 이상의 조회수나 팬덤을 갖추고 있어야 한다.

예를 들어, 음악 레이블이나 출판사, 방송사 같은 대형 저작권 보유자가 유튜브와 계약을 맺고 특정 계정에 Content ID 권한을 부여받으면, 등록된 모든 음원과 영상 자산을 자동으로 인식할 수 있다. 반면, 개인 크리에이터가 직접 Content ID 권한을 얻으려면 충분히 큰 규모의 저작권 자산을 보유하고 있어야 하며, 유튜브가 이를 정식으로 승인해줘야만 한다. 만약 이 기준을 충족하지 못한다면, MCN이나 전문 유통 대행사를 통해 우회적으로 Content ID 시스템을 활용하는 방법도 존재한다.

소규모 개인 크리에이터나 아직 파트너로 승인받지 못했다면 유튜브가 제공하는 저작권 일치 도구를 이용해 내 채널에서 올린 원본 영상과 유사하거나 동일한 영상을 플랫폼 내부에서 찾을 수 있다. Content ID만큼 정교하진 않지만 도용된 콘텐츠를 어느 정도 탐지할 수 있고, 해당 영상에 대해 경고하거나 삭제 요청을 할 수 있다.

저작권 침해 사례 분석과 예방 가이드

저작권 침해 사례는 생각보다 훨씬 자주 발생하며, 유형도 다양하다. 가장 흔히 볼 수 있는 예는 인기곡이나 영화 영상을 무단으로 가져와 본인의 콘텐츠에 삽입하는 경우다. 대부분은 단순히 배경음악으로 깔거나 재미를 더하기 위해 짧게 편집한 장면을 넣는 정도이지만, 이조차도 원저작권자에게는 분명한 침해가 될 수 있다. 영상 플랫폼에서는 자동 검출 시스템이 점점 정교해지고 있어 짧게 편집한 부분이라도 멜로디와 프레임 일치율을 인식해 경고나 수익 차단이 바로 이뤄질 가능성이 크다. 또 다른 예로는 사진이나 글을 그대로 복사해 사용하는 사례다. 간단히 '이미지 검색'으로 찾은 사진을 무심코 올리거나, 발췌한 문구를 원저작자의 허락 없이 공유하는 식이다. 상대방이 직접 침해를 인지하지 못하면 넘어갈 수도 있지만, 저작권 관리 대행사나 법적 대리인이 시스템적으로 모니터링하다가 적발되면 즉각 문제 제기가 들어온다.

    플랫폼 차원에서 내리는 제재로는 채널 경고, 수익 창출 중단,

노출 제한 등이 있다. 한두 번은 경고로 끝날 수 있지만, 누적되면 계정 정지나 채널 삭제로 이어지기도 한다. 법적 책임으로 넘어가면, 피해 저작권자가 민사소송을 걸어 손해배상을 청구할 수 있고, 상황에 따라 형사처벌 대상이 되기도 한다. 실제로 무단으로 이미지를 여러 장 사용했다가 사진 한 장마다 별도로 배상금을 지불하거나, 음원을 허락 없이 이용해 상업적 이득을 취하다가 적지 않은 합의금을 지급한 사례도 많다.

결국 이런 사태를 예방하기 위해서는 실무 차원에서 주기적으로 체크 요소들을 관리해야 한다.

제작 과정에서 한 번 더 '이 자료는 정말 합법적으로 확보된 것인가, 사용 범위를 초과하지 않는가?'라는 질문을 던져보면 좋다. 의심스러운 부분이 있다면, 문제가 될 만한 자료를 삭제하거나 대체 소스로 교체하고, 스스로 생성한 콘텐츠를 최대한 사용하려고 노력하는 게 최선이다. 시간과 비용이 조금 더 들더라도, 직접 찍은 사진이나 직접 녹음한 음악, 자체 제작한 그래픽 자산을 확보하면 장기적으로 훨씬 안전하게 활동을 이어갈 수 있다.

▶ 요약 정리

저작권은 창작자가 만든 콘텐츠를 법적으로 보호해 무단 사용으로부터 지켜주는 핵심 제도다. 글, 음악, 이미지, 영상, 소프트웨어 등 다양한 형태의 창작물이 보호 대상이며, 무단 복제나 배포·편집은 법적 문제로 이어질 수 있다. 공정 이용이나 무료 소스라고 해도 모든 용도에서 자유로운 건 아니므로, 사용 조건과 라이선스를 명확히 확인해야 한다. 특히 플랫폼별로 저작권 관리 체계가 정교해지는 만큼, 콘텐츠 제작 시 저작권 체크는 필수적인 실무 항목이 되었다.

▶ 용어 설명

- 저작권: 창작자가 만든 고유한 콘텐츠에 대한 권리를 말함
- 저작재산권: 창작물을 복제·배포·전송할 수 있는 경제적 권리를 뜻함
- 저작인격권: 창작자의 이름을 밝히고 작품을 훼손하지 않도록 보호하는 권리임
- 2차 저작물: 기존 콘텐츠를 바탕으로 새롭게 만든 창작물을 말함
- Content ID: 유튜브에서 저작권 침해 여부를 자동 검출하는 시스템을 뜻함

▶ 토론 문제

크리에이터가 직접 제작하지 않은 콘텐츠를 활용할 때, 어떤 기준으로 공정 이용 여부를 판단해야 하는지 토론해보자.

▶ 과제 예시

무료 소스 또는 로열티 프리 콘텐츠 사이트 3곳을 조사하고, 각 사이트의 상업적 사용 조건을 비교·정리해보자.

▶ 콘텐츠 제작자를 위한 저작권 체크리스트

- 사용 이미지·음원·폰트의 상업적 이용 가능 여부를 사전에 확인할 것
- 플랫폼별 제공 음원의 라이선스 조건과 허용 범위를 검토할 것
- 타인의 콘텐츠를 인용할 때는 그 출처를 명확히 밝히고 범위를 제한할 것
- 저작권 침해 가능성이 있는 자료는 대체 소스로 교체할 것
- 본인의 콘텐츠가 침해당했을 경우 대응 절차와 증거 확보 방법을 정리할 것

VI. / 계약은 어떻게 리스크를 줄이는가

15.

사인하기 전
알아야 할 것들

비즈니스 계약 개요 및 구성 요소

크리에이터가 비즈니스 활동을 진행하며 맺는 계약은 단순한 서류 이상의 의미를 가진다. 이는 크리에이터가 자신만의 창작 활동을 통해 수익을 창출하고 성장할 수 있도록 법적·제도적 기반을 마련해주는 동시에, 협력 파트너와의 권리와 의무, 지원 범위, 수익 배분, 계약 기간 및 해지 조건 등을 미리 합의해 불필요한 분쟁을 예방하는 역할을 한다.

먼저, 계약의 목적은 양측이 협업을 통해 어떤 가치를 창출할 것인지, 그리고 그 협력 관계를 통해 얻고자 하는 목표를 명확하게 정하는 데 있다.

계약서에는 포함되어야 할 핵심 조항들이 존재한다. 우선 수익 배분 구조를 명확하게 적어야 한다. 콘텐츠를 통해 발생하는 광고 수익, 협찬, 라이선스, 커머스 수익 등을 어떻게 분배할 것인지 구체적으로 명시해야 한다. 이와 함께 선급금 지급, 비용 차감, 정산 주기, 환전 기준 등 세부적인 조건들도 놓치지 말아야 한다. 이를 통해 양측이 투명하고 공정한 재정 관리 체계를 구축하는 것이 중요하다.

계약 기간과 갱신 조건, 해지 조항 및 위약금 규정도 중요하다. 계약 기간 동안 약정한 의무를 성실히 이행하지 않을 경우 적용될 위약금이나 손해배상 기준을 미리 정해둔다.

크리에이터가 제작한 콘텐츠와 관련된 저작권 및 지식재산권 귀속에 관한 조항도 중요하다. 계약서에는 콘텐츠의 원본 저작권, 2차 저작물 제작, 캐릭터와 로고 등 창작물의 사용과 관련된 권리 분배를 어떻게 할지 상세히 적어야 한다. 이는 크리에이터가 자신의 창작물에 대한 주도권을 유지하면서도, 협력 파트너가 이를 상업적으로 활용할 수 있는 법적 근거를 마련하는 데 필수적이다. 이 부분이 모호하게 남을 경우, 향후 분쟁이 발생할 수 있으므로 계약서에 문구로 포함시킨다.

계약 체결 후 발생할 수 있는 분쟁이나 오해에 대비한 분쟁 해결 조항 및 비밀 유지 조항도 계약서의 필수 구성 요소다. 계약 당사자들은 계약 이행 과정에서 발생할 수 있는 문제를 해결하기 위해 중재·조정 또는 소송 절차를 사전에 합의하고, 계약과 관련된 비밀 정보나 내부 자료의 유출을 방지하는 조항을 마련해야 한다.

계약서는 단순히 당장의 협업 조건을 넘어 미래의 변화에도 유연하게 대응할 수 있도록 작성해야 한다. 디지털 콘텐츠 시장은 플랫폼 정책, 알고리즘, 광고 단가 등이 빠르게 변화하는 환경이므로, 계약서에 이런 변동 상황에 대한 재협상 조항이나 수정 절차를 포함하는 것이 좋다.

MCN·크리에이터 계약의 유형과 구조

MCN과 크리에이터 간의 계약은 장기적인 협업 관계를 안정적으로 유지하는 방향으로 체결된다. 계약은 크게 전속 계약, 파트너십 계약, 광고 중개 계약으로 구분할 수 있다. 크리에이터와 MCN의 비즈니스 목표, 지원 필요성, 리스크 관리에 따라 계약 구조와 조건이 다르다.

전속 계약은 크리에이터가 일정 기간 동안 특정 MCN이나 에이전시에 전적으로 소속되어 활동하는 형태다. 이 계약에서는 MCN이 크리에이터에게 촬영 스튜디오, 전문 편집 인력, 법무·세무 자문, 콘텐츠 기획 지원 등 모든 영역에서 포괄적인 매니지먼트 서비스를 제공한다. 전속 계약의 주요 특징은 계약 기간(보통 2년 이상)과 갱신 및 해지 조건, 위약금 규정 등에서 드러난다. 전속 계약은 MCN이 제공하는 안정적 지원을 바탕으로 채널 성장과 콘텐츠 퀄리티 향상을 이룰 수 있으나 크리에이터의 자율성을 일정 부분 제한하고, 계약 해지나 이적 시 분쟁 발생 위험이 상대적으로 높다. 그러므로 계약서에 권리 귀속, 해지 조건, 위약금 등 세부 사항을 면밀하게 규정해야 한다.

파트너십 계약은 광고 협상, 콘텐츠 제작 지원, 혹은 IP 관리 등 특정 영역에 대해서만 MCN의 지원을 받을 때 작성하는 계약이다. 이 계약은 지원 범위가 한정되어 있어 크리에이터는 나머지 활동을 독자적으로 할 수 있다. 계약 기간은 전속 계약보다 짧고 프로젝트별로 체결하는 경우가 많다. 파트너십 계약은 MCN과 크리에이터 간에 역할과 책임의 경계를 구체적으로 설정해야 한다. 특정 분야(예: 뷰티, 게임, 먹방 등)에서 특화된 MCN과의 계약이 대표적이다.

광고 중개 계약은 MCN이 크리에이터를 대신해 광고 캠페인이나 프로젝트 단위 협상을 중개하는 형태다. 보통 프로젝트별 단기 계약을 체결하는 경우가 많다. MCN은 광고주 협상, 캠페인 기획, 실행 및 결과 보고 등 광고 중개 업무에 집중한다. 크리에이터는 광고 중개 계약을 통해 광고 협상의 부담을 덜면서, 채널 운영과 콘텐츠 제작의 주체성을 유지할 수 있다. 계약서에는 해당 프로젝트의 범위, 중개 수수료, 정산 방식, 광고 집행 과정에서 발생할 수 있는 문제에 대한 책임 분담 조항 등을 구체적으로 규정한다.

실제 계약 체결은 경우에 따라 복합적인 형태로 적용되기도 한다. 예를 들어, 크리에이터는 전속 계약을 통해 MCN의 전반적인 지원을 받으면서도, 특정 광고 프로젝트나 IP 사업에 대해서는 별도의 파트너십 계약이나 광고 중개 계약을 병행할 수 있다.

계약의 유형과 구조는 단순히 법적 형식에 그치지 않고, 크리에이터와 MCN 모두의 비즈니스 성공에 직접적인 영향을 미친다.

수익 배분 및 유의 사항

계약서를 작성할 때는 각 수익원의 산정 방식과 구체적인 조건을 명확하게 규정해야 한다.

플랫폼 수익은 각 플랫폼에서 발생하는 조회수, 시청 유지 시간, 참여도 등 데이터를 바탕으로 산출한 수익을 사전에 합의된 비율에 따라 분배한다. 계약서에는 플랫폼별로 서로 다른 광고 단가 및 수익 배분 구조를 구체적으로 기재한다. 또한 정산 주기도 월별 또는 분기별 등으로 정한다.

광고 수익은 특정 브랜드와 협업해 제작하는 브랜디드 콘텐츠나 PPL을 통해 발생하는 금액을 어떻게 분배할 것인지를 상세히 규정한다. MCN이 광고 협상 및 캠페인 기획에 참여하는 경우, 그 역할에 따른 중개 수수료 및 인센티브 비율을 정한다. 협찬 진행 중 발생하는 추가 비용이나 콘텐츠 수정 요청에 대해서도 비용 분담에 대한 책임과 수정 횟수 등을 구체적으로 적는다.

라이선스 수익은 크리에이터가 제작한 콘텐츠, 캐릭터, 로고, 영상 포맷 등을 2차 활용해 굿즈, 웹툰, 애니메이션, 출판물 등으로 확장할 때 발생한다. 계약서에는 라이선스 수익의 산정 방법, 수익 배분 비율, 그리고 저작권 및 IP 귀속 조건을 규정한다. 특히, 해외 판권 판매 시에는 적용할 환전 기준과 정산 절차를 구체적으로 명시해야 한다.

커머스 수익은 굿즈, 자체 브랜드 상품, 또는 공동 구매나 라이브 커머스를 통한 제품 판매 등에서 발생하는 수익이다. 계약서에서는 커머스 수익에 대한 정산 방식을 구체적으로 정해야 하는데, 제조·유통·물류 등 부수 비용이 차감 조건과 순수익 배분 비율, 선급금 지급이나 비용 보전 조항 등이 포함된다. 오프라인 팝업 스토어나 이벤트와 연계해 발생하는 커머스 수익에 대해서도 정산 기준과 비용 처리 방식을 구체적으로 규정해 모든 비용을 산출 및 정산할 수 있어야 한다.

크리에이터와 MCN이 창출하는 수익의 투명하고 공정한 정산을 보장하기 위해서는 계약서에 비용 차감, 정산 주기 및 환전 기준과 같은 세부 조건을 명확하게 규정해야 한다.

비용 차감 조항에서는 콘텐츠 제작 과정에서 발생하는 추가 비용, 즉 촬영, 편집, 장비 대여, 스튜디오 사용료, 법률 및 세무 자문 비용 등을 어떤 기준으로 차감할 것인지 정한다. MCN이 미리 지출한 비용은 계약에 따라 정산 시 차감하며, 이 과정에서 어떤 비용 항목을 포함할지 구체적으로 적는다.

정산 주기는 계약서에 명시하고, 발생 수익을 월별·분기별 또는 프로젝트별로 정기적으로 산출해 정산한다. 계약서에는 정산 주기와 함께 미지급 잔액이나 지연 시 발생할 연체료 등의 조건을 포함시켜 크리에이터가 정기적으로 자신의 수익을 확인할 수 있게끔 한다.

해외 광고주와의 수익 배분 계약서에는 외화 수익을 원화로 환전할 때 적용할 기준, 예를 들어 매월 말 특정 은행의 매매 기준율이나 계약 체결 시 정해진 환율 등을 명시한다. 또한 환전 수수료가 발생할 경우 그 처리 방식도 함께 규정한다.

계약 해지 및 법적 책임 관리

계약 해지 및 위약금, 손해배상 조항은 계약 당사자들이 계약 기간 중 또는 계약 종료 후 발생할 수 있는 분쟁이나 손실에 대해 사전 합의한 기준에 따라 금전적 책임을 해결하기 위한 것이다.

먼저, 계약 해지 조건은 계약 위반 시 양측이 계약을 종료할 수 있는 기준을 규정해야 한다. 크리에이터나 MCN이 계약서에 명시한 의무를 이행하지 않거나, 불성실한 행위로 상대방에게 중대한 손해를 입혔을 경우, 상대방은 서면 통지 후 정해진 기간 내에 시정 조치를 취하지 않을 시 계약을 해지할 수 있다. 공개적으로 명예, 신용, 브랜드 가치를 훼손하는 행위나 법령 위반 등 사회적 물의를 일으키는 경우에도 별도의 알림(최고) 없이 계약을 즉시 해지할 수 있는 조항을 포함한다.

계약 해지 시 위약금 조항은 계약 해지를 초래한 경우, 그 위반에 따른 금전적 보상에 대한 사항을 정한 규정이다. 크리에이터가 전속 계약 중 중도 해지를 선택하거나 독자적으로 활동해 계약을 위반하는 경우, 이미 지급된 선급금의 일정 비율 및 계약 잔여 기간에 따른 평균 수익을 기준으로 산정한 금액을 위약금으로 지급하도록 규정한다.

손해배상 조항은 계약 해지 외에도, 계약 이행 중 발생한 위반 행위로 인해 상대방에게 실질적인 손해가 발생한 경우 적용된다. 손해의 범위와 산정 방법, 지급 기한 등을 구체적으로 명시한다. MCN이 제공한 지원 인프라나 광고 협상 대행 등에 따른 비용 보전, 그리고 계약 위반으로 인해 발생한 직간접적 손해를 포함한 손해배상 금액을 산출하는 방식을 정한다. 손해배상은 계약 당사자 모두가 불리한 상황을 예방하고, 향후 발생할 수 있는 분쟁의 원인을 사전에 제거하기 위한 장치다.

계약 해지 및 위약금, 손해배상 조항은 계약서에 명확하게 문서화해야 하며, 양측이 계약 체결 전에 충분한 협의를 통해 공정하고 합리적인 조건으로 설정하는 것이 필수다. 이 외에도 향후 시장 변화나 플랫폼 정책 변동 등 외부 요인에 따라 유연하게 재협상할 수 있는 조항을 포함시켜야 한다.

▶ 요약 정리

크리에이터가 맺는 계약은 수익 분배, 권리 귀속, 해지 조건 등 비즈니스 전반을 규정하는 핵심 문서로, 단순한 서류를 넘어 파트너십의 기반이 된다. 계약은 MCN·브랜드·광고주와의 관계 구조에 따라 전속, 파트너십, 광고 중개 등으로 나뉘며, 각 유형별로 지원 범위와 책임이 다르므로 명확한 이해가 필요하다. 수익 분배 구조, 정산 주기, 저작권, 커머스 수익, 비용 차감 조건 등을 세부적으로 규정해야 하며, 해지 및 손해배상 조항은 분쟁 발생 시 중요한 기준이 된다. 크리에이터는 계약의 주요 항목을 숙지하고, 유리한 조건을 이끌어내기 위해 충분한 협상과 사전 검토를 준비해야 한다.

▶ 용어 설명

- 전속 계약: 일정 기간 동안 특정 파트너와 독점적으로 협업하는 계약을 말함
- 파트너십 계약: 광고나 IP 관리 등 일부 영역에 한정해 협업하는 계약을 뜻함
- 광고 중개 계약: 크리에이터를 대신해 광고 협상과 집행을 대행하는 계약을 말함
- 선급금: 콘텐츠 제작 지원 등의 목적으로 특정 계약 조건하에서 크리에이터에게 먼저 지급되는 자금. 단, 이는 모든 크리에이터에게 적용되는 것이 아니라, 계약서에 별도로 명시된 조건에 따라 지급될 때에

만 적용됨
- 위약금: 계약 위반 시 발생하는 손해에 따른 금전적 보상을 의미함

▶ 토론 문제

MCN 또는 광고주와 전속 계약을 맺을 때, 크리에이터가 고려해야 할 가장 중요한 기준은 무엇인지 토론해 보자.

▶ 과제 예시

실제 MCN이나 브랜드와 체결한 계약서 샘플을 찾아 주요 조항을 분석하고, 크리에이터 관점에서 주의할 점을 정리해보자.

▶ 크리에이터 계약 실무를 위한 체크리스트

- 계약 목적과 협업 범위의 명확성 여부를 점검할 것
- 수익 배분 방식, 정산 주기, 환전 기준 등 재정 조건을 확인할 것
- 저작권과 2차 저작물 활용에 대한 권리 귀속 조건을 검토할 것
- 계약 해지 및 위약금 조항이 공정하게 설정되었는지 확인할 것
- 분쟁 해결 방식과 비밀 유지 조항의 구체성 여부를 점검할 것

16.

MCN·브랜드·플랫폼 계약, 문제는 어디서 생기는가

MCN과의 전속·파트너십 계약 분석

MCN과의 전속·파트너십 계약은 기본적으로 크리에이터와 MCN이 서로에게 제공하는 서비스와 역할을 정리한 것이다. 계약의 기본 구조는 문화체육관광부가 제작한 '대중문화예술인(가수·연기자) 표준전속 계약서'를 기반으로 하되, 크리에이터 산업의 특성을 반영해 작성한다. 서울특별시가 크리에이터의 권익 보호를 위해 배포하는 '서울형 표준계약서(1인 미디어 콘텐츠 창작자)' 또한 참고할 만한

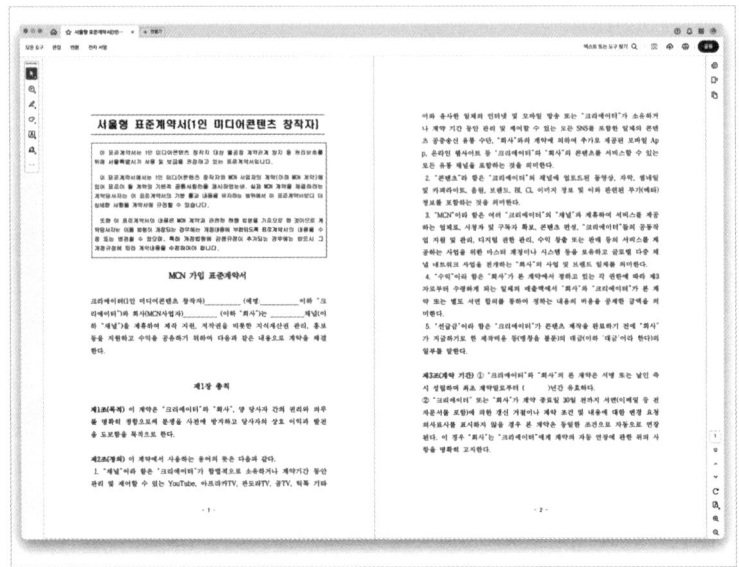

(그림 7) 서울형 표준계약서(1인 미디어 콘텐츠 창작자) 미리 보기

좋은 자료다.

    크리에이터가 MCN과 계약을 맺을 때 가장 먼저 숙고해야 하는 것은 계약의 목적과 활동 범위다. 단순히 '콘텐츠 제작 및 지원'이라는 모호한 표현을 쓰기도 하는데, 이는 이후 협력 과정에서 서로 다른 기대치로 인한 갈등을 초래할 수 있다. 예를 들어, MCN이 크리에이터에게 지원하는 항목이 촬영 스튜디오나 장비 제공, 콘텐츠 기획 및 제작 지원인지, 광고 협찬 유치 및 관리인지, 혹은 콘텐츠의 해외 유통 같은 글로벌 진출 지원까지 포함하는지 구체적으

로 명시해야 한다.

계약 기간 역시 세심하게 검토해야 하는 부분이다. 크리에이터 업계에서는 통상 1~2년 단위로 계약 기간을 설정하고 양측이 원할 경우 재계약하는 방식을 선호한다. 이는 크리에이터 산업 특성상 빠른 시장 변화와 크리에이터의 개인적 성장 속도를 고려한 것이다. 또한 계약서에는 계약 기간 종료 후 자동 연장되는 조건이나 재계약 시 협의 조건 등을 구체적으로 포함해, 계약 종료 시점에 불필요한 갈등이 생기지 않도록 하는 것이 중요하다.

MCN 계약에서 가장 민감하고 중요한 부분 중 하나는 수익 배분이다. 수익 배분 조항은 콘텐츠 창작에서부터 광고 유치, 판매까지 각 과정에서 MCN이 수행하는 역할과 기여도를 반영해 구분한다. 예를 들어, 유튜브 플랫폼 광고 수익의 경우 MCN의 역할이 콘텐츠 제작 단계에서 제한적일 수 있어 크리에이터가 높은 비율(70~90% 수준)을 가져가는 것이 일반적이다. 반면, MCN이 광고주를 유치하거나 콘텐츠 제작에 직접 투자하는 브랜드 협찬 또는 프로모션 활동에 대해서는 크리에이터와 MCN이 더 균형 잡힌 비율(50:50~70:30 수준)로 배분하는 사례가 많다. 수익 배분의 조건과 비율이 계약서에 기재되어 있지 않으면 추후 실제 수익 발생 시 분쟁 가능성이 높으므로, 크리에이터는 이를 구체적으로 확인하고 명시해야 한다.

또한 기본적으로 크리에이터가 직접 제작한 콘텐츠에 대해서는 저작권과 소유권이 크리에이터 본인에게 귀속되고, MCN은 일정 기간 동안 콘텐츠의 배급 권리나 독점 유통권을 가지는 것이 일반적이다. 다만 MCN이 콘텐츠 제작에 촬영비, 장비 제공 등 일정 부분을 투자하거나 전체 비용을 부담한 경우에는 소유권과 저작권을 크리에이터와 MCN이 공동으로 소유하거나, 때에 따라 MCN이 단독으로 소유하는 형태로 계약한다. 이럴 때는 계약서에 소유권과 저작권의 귀속 방식과 범위를 구체적으로 명시해 추후 분쟁의 소지를 최소화하는 것이 매우 중요하다.

MCN과의 계약에서 특히 크리에이터가 유의해야 할 부분은 계약 해지와 위약금 조항이다. 크리에이터가 MCN과의 계약을 일방적으로 중도에 해지할 경우, MCN 입장에서는 콘텐츠 투자 비용 회수나 장기적 사업 계획에 큰 차질이 발생할 수 있다 따라서, 계약서에 이러한 위험을 고려해 상당한 위약금을 책정하는 경향이 있다. 특히 최근 MCN 업계에서는 크리에이터의 일방적 계약 해지 시 위약금을 '대중문화예술인(가수) 표준전속 계약서'와 유사하게 산정해, 계약 해지 직전 수개월간의 평균 월 매출에 잔여 계약 기간 개월 수를 곱한 방식으로 정하는 경우가 많다.

이 방식은 계약 해지 시점의 매출과 잔여 기간에 따라 위약금 규모가 상당히 커질 수 있어 크리에이터가 계약 체결 전 신중하게 검토해야 하는 부분이다.

　MCN 계약은 서로 협력 관계가 원활할 때보다 분쟁이나 갈등이 발생했을 때 비로소 중요성이 드러나는 문서라는 점을 항상 기억해야 한다. 계약서를 검토할 때는 사소해 보이는 표현의 차이 하나까지도 신경써야 한다. 예컨대 계약서에 자주 등장하는 표현인 '~할 수 있다' '~한다' '~해야 한다'는 얼핏 큰 차이가 없어 보이지만 법적으로는 전혀 다른 의미를 갖는다. 가령 '지원할 수 있다'는 MCN이 해당 사항을 이행할 의무가 없고, 자유롭게 선택할 수 있다는 뜻이다. 반면, '지원한다'는 MCN이 원칙적으로 지원할 것이라는 의미이지만, 계약의 다른 조항이나 전체적인 문맥에 따라 의무가 아닐 가능성도 있어 해석상 논란이 생길 여지가 있다. '지원해야 한다'는 표현은 MCN에게 법적 의무를 부과하므로, 이행하지 않을 경우 계약 위반으로 책임을 지게 된다. 이렇게 계약서에 사용하는 표현은 우리가 평소 일상적으로 쓰는 의미와는 다르게 적용될 수 있기 때문에, 크리에이터는 계약을 체결하기 전에 세부적인 문구 하나까지 꼼꼼히 확인하고 충분히 이해한 후 서명해야 한다.

　계약 내용이나 표현에 명확하지 않은 부분이 있다면 전문가나 법률 자문을 통해 충분히 검토한다. 그리고 모호하거나 불합리한 조항에 대해서는 즉시 MCN과 논의해 수정 또는 보완하는 것이 바람직하다.

브랜드와의 광고 계약 핵심 분석

브랜드 광고 계약은 MCN과의 파트너십 계약과 달리, 대체로 일회성 혹은 단기 프로젝트 형태로 진행되기 때문에, 계약 범위와 조건을 더욱 세심하게 검토해야 한다.

특히 콘텐츠 제작 범위와 책임 소재에 대한 규정을 꼼꼼히 들여다봐야 한다. 광고 영상이나 게시물의 주제, 표현 방식, 브랜드 메시지의 반영 여부, 제품 노출 방식 등은 모두 사전에 구체적으로 합의해야 하며, 이러한 세부 조건을 계약서에 적어야 한다.

"브랜드가 요구하는 핵심 메시지를 영상 중 최소 2회 이상 언급해야 한다" 또는 "제품 사용 장면을 전체 영상 중 30초 이상 포함해야 한다"와 같은 표현이 있다면, 자신의 콘텐츠 스타일과 실제 촬영 계획에서 이 요구를 충족할 수 있는지 판단해야 한다.

브랜드가 제작된 콘텐츠를 검수하고 피드백을 주는 절차가 포함되어 있는 경우, 검수 회수와 수정 요청 범위에 대한 규정을 삽입해야 한다. 광고주가 무제한으로 수정을 요구하거나, 콘텐츠 방향성을 전면적으로 변경하려 하면, 크리에이터의 창작권이 훼손되고 제작 일정에 심각한 차질이 생길 수 있기 때문이다. 따라서 "브랜드는 최초 납품 후 2회 이내로 수정 의견을 제출할 수 있으며, 이후 추가 수정을 요청할 경우 별도의 협의가 필요하다"는 식의 조항을 기재해야 한다.

만약 콘텐츠가 광고주의 검토 기준을 충족하지 못해 재제작이 필요할 경우, 해당 비용을 누가 부담할지에 대한 규정도 들어가야 한다. 예컨대 "광고주의 요구 사항이 계약서에 명시되어 있지 않거나, 제작 완료 후 새로운 요구를 추가하는 경우, 이에 따른 재촬영 및 편집 비용은 광고주가 부담한다"는 조항을 포함시킨다.

이렇게 검수 회수와 수정 비용 분담 규정을 설정해두면, 협업 과정에서 발생할 수 있는 마찰과 분쟁 가능성을 최소화할 수 있다.

계약금과 광고비 지급 조건도 중요한 항목이다. 일반적으로 광고 계약에서는 콘텐츠 제작 착수 전 또는 콘텐츠 납품 직후 일정 비율의 선금을 지급받고, 콘텐츠가 공개된 후 잔금을 받는다. 일부 계약에서는 광고 콘텐츠가 특정 조회수나 목표를 충족한 경우에만 추가 지급을 하거나, 목표에 도달하지 못할 경우 광고비의 일부를 감액하는 조건을 포함하기도 한다. 이 조건은 크리에이터에게 리스크가 될 수 있다. 따라서 계약 시에는 성과 기준과 지급 조건이 현실적으로 합리적인지 검토하고, 과도한 리스크를 부담하지 않도록 협상할 필요가 있다.

계약 기간 및 콘텐츠 사용 기간도 주의 깊게 살펴봐야 한다. 브랜드와의 광고 계약은 콘텐츠 사용권과 관련해 브랜드가 콘텐츠를 광고 목적으로 활용할 수 있는 기간과 범위를 정하게 되어 있다. 계약서에 콘텐츠 사용 기간을 6개월로 정했다면, 계약 기간이 지난 후 해당 콘텐츠를 광고로 활용하거나 자사 웹사이트, SNS 등에서 노출하는 행위는 금지된다. 계약 종료 이후에도 콘텐츠를 계속 활용하고 싶다면 별도의 계약 갱신이나 추가 비용을 지급해야 한다. 광고 콘텐츠를 브랜드가 별도의 채널(홈페이지, 타 플랫폼 광고 등)에 재배포하거나 2차 활용하는 것에 대해서도 사전 동의가 필요하며, 이에 대한 추가 비용 지급 조건 또한 정해두어야 한다.

크리에이터가 제작한 영상 클립을 브랜드가 자사 유튜브 채널의 공식 광고로 별도 송출하거나, SNS 유료 광고로 전환해 사용하는 경우가 있다. 또한 방송 광고, 오프라인 디지털 사이니지, 백화점·매장 내 홍보 영상, 브랜드 행사장에서의 상영 등도 모두 2차 활용에 들어간다. 이럴 땐 별도의 라이선스 비용을 책정하거나 추가 보상을 받는 조건으로 계약해야 한다.

다만 실무에서는 전략적으로 일부 2차 활용을 무상 또는 할인 조건으로 허용하기도 한다. 예컨대 브랜드가 요청하는 재사용 범위가 제한적이고, 홍보 효과가 크며, 크리에이터의 이미지와 크게 상충하지 않는 경우에는 "1회성 추가 사용은 가능하되, 유료 광고 집행은 별도 협의" 같은 유연한 조건을 제시하기도 한다. 활용 범위와 조건은 사전에 기준을 정한 후, 크리에이터가 전략적으로 판단할 수 있는 여지를 갖는 것이 중요하다.

'경쟁사 금지 조항'은 크리에이터가 특정 브랜드와 계약을 맺은 후 일정 기간 경쟁 브랜드의 제품이나 서비스를 광고하거나 콘텐츠에 노출하지 못하도록 제한하는 내용을 말한다. 이 조항은 브랜드 입장에서는 경쟁 브랜드의 광고에 동일한 크리에이터가 등장하는 것을 방지하기 위한 것이지만, 크리에이터에게는 수익 창출과 협업 기회를 제한하는 요소가 될 수 있다. 계약서에서 금지 기간과 금지 대상 경쟁사의 범위를 최대한 구체적으로 정하고 협상하는 것이 중요하다.

계약 시 브랜드는 일정 기간 동안 광고 목적으로 콘텐츠를 활용할 수 있는 '사용권'을 갖게 되며, 이를 넘어서는 활용(2차 가공, 다른 매체로의 재배포 등)은 계약에서 허용된 범위 내에서만 가능하다. 반면, 브랜드가 저작권을 공동으로 가지거나 때에 따라 독점적으로 소유하는 경우 크리에이터는 해당 콘텐츠를 자신의 포트폴리오나 채널에 공개하는 것조차 제한받을 수 있으므로, 계약서의 저작권과 활용 범위를 정확히 이해하고 합의해야 한다.

계약 체결 시에는 협상 및 수정 사항을 이메일이나 서면으로 남겨 나중에 분쟁 발생 시 증거로 활용할 수 있게 한다. 계약서는 문제가 없을 때보다는 문제가 발생했을 때를 염두에 두고 작성하는 문서라는 섬을 다시 한번 명심해야 하다.

플랫폼과의 계약 및 약관의 핵심 사항

플랫폼과의 계약은 플랫폼 가입 시 제공하는 이용 약관(Terms of Service)을 통해 법적 관계가 형성된다. 이용자가 약관에 동의하는 방식으로, 서비스 이용과 관련된 권리와 의무를 정해두고 있다.

플랫폼 이용 약관에서 가장 중요한 부분 중 하나는 콘텐츠 저작권과 소유권의 귀속이다. 대부분의 플랫폼은 원칙적으로 창작자인 크리에이터 본인에게 저작권이 있음을 규정하고 있다. 그러나 약관에 따라 크리에이터는 콘텐츠를 플랫폼이 운영하는 서비스 내에서 전 세계적으로 무상 사용할 수 있는 비독점적 이용권을 플랫폼에 부여하게 된다. 이 내용은 플랫폼이 콘텐츠를 이용자의 피드에 노출하거나 알고리즘 추천, 광고 집행 등의 목적으로 자유롭게 활용할 수 있다는 뜻이다.

유튜브는 크리에이터가 YPP(YouTube Partner Program, 유튜브 파트너 프로그램)에 가입하면 별도의 계약 관계를 추가 체결한 것으로 간주해 약관에 콘텐츠 사용권과 광고 수익 공유 비율을 좀 더 구체적으로 적용한다. YPP 약관에서는 광고 수익 배분율과 콘텐츠 모니터링 정책, 콘텐츠 삭제 및 경고 절차 등이 자세히 규정되어 있어 세부 내용을 검토하는 것이 필요하다.

'커뮤니티 가이드라인(Community Guidelines)'과 '저작권 침해 대응 절차'도 꼼꼼히 살펴야 한다. 각 플랫폼은 자체적으로 허용 가능한 콘텐츠와 금지 콘텐츠의 기준을 명시한 정책을 운영하고 있으며, 이를 위반할 경우 콘텐츠 삭제, 계정 일시 정지 또는 영구 정지 같은 조치를 취할 수 있다.

저작권 침해 신고와 대응 절차도 약관에 명시되어 있다. 유튜브는 저작권 보호를 위해 '게시 중단 요청(Notice and Takedown)'을 운영하고 있으며, 누군가가 내 콘텐츠를 무단 복제하거나 재사용하면 플랫폼 내부 절차를 통해 해당 콘텐츠를 즉각적으로 삭제할 수 있도록 지원한다. 반대로 본인이 저작권 침해 신고를 받은 경우에는 플랫폼이 정한 이의 제기 절차에 따라 문제를 해결할 수 있다.

플랫폼의 약관은 수시로 업데이트되며, 크리에이터는 지속적으로 약관 변경 내용을 모니터링해야 한다. 약관을 변경할 때는 이메일이나 공지 사항을 통해 통보한다.

플랫폼의 면책조항도 꼼꼼히 살펴본다. 대부분의 플랫폼 약관에는 플랫폼 운영 과정에서 발생하는 문제(서비스 장애, 콘텐츠 삭제 오류 등)에 대해 플랫폼이 일체의 법적 책임을 지지 않는다고 명시되어 있다. 오랜 기간에 걸쳐 콘텐츠를 쌓아왔더라도, 플랫폼의 서비스 장애나 기술적 오류로 콘텐츠가 삭제 또는 손상될 경우 보상 받을 수 없다. 따라서 중요한 콘텐츠는 항상 별도 백업을 해두거나 여러 플랫폼에 업로드하는 방식으로 리스크를 분산하는 것이 좋다.

계약 관련 법적 분쟁 예방 및 대응법

크리에이터 산업에서는 구두 약속이나 메시지를 통한 협의가 많고, 콘텐츠 자체의 특성이 비정형적인 탓에 계약서 내용만으로 모든 상황을 규정하기 어렵다. 분쟁이 발생했을 때, 공식적으로 대응하고 문제 해결의 첫 단추를 끼우는 실질적인 도구가 바로 내용증명이다.

내용증명은 법적 소송과 관련한 서류처럼 느껴질 수 있다. 하지만, 실질적으로는 우체국에서 제공하는 공적 우편 서비스 중 하나로, 특정한 내용을 언제 누구에게 보냈는지를 법적으로 입증할 수 있게 해준다. 계약 위반 통보, 정산 요청, 저작권 침해 경고 등 민감한 사안을 공적으로 제기할 때 활용되며, 상대방에게 "문제 상황을 인식하고 있으니, 공식적으로 대응해달라"는 메시지를 전달하는 일종의 협의 요청서 역할을 한다. 많은 이들이 내용증명을 '법적 경고장'처럼 받아들이며 위축되곤 하지만, 실제로는 법적 절차에 앞서 분쟁을 정리하고 협상의 여지를 남기는 마지막 기회이자 실무적 조정 수단에 가깝다.

내용증명은 정중하고 객관적인 어조로 작성해야 하며, 요구 사항, 사실관계, 기한을 적는 것이 중요하다. 중재나 소송 단계로 넘어가서는 중요한 증거 자료가 될 수 있으므로, 서류 작성의 신뢰성과

적법성이 관건이다. 계약 해지 통보나 수익 정산 요청, 위법 행위에 대한 경고 등에 특히 자주 사용된다. 단순한 문자나 이메일과는 달리 법적 효력을 가진 공식 문서로 인정되므로, 감정을 절제하고 핵심만 간결하게 전달하는 것이 좋다.

내용증명 발송 후에도 갈등이 해소되지 않는 경우에는 중재나 소송을 검토한다. 중재(Arbitration)는 법정에 가지 않고 제3의 중립 기관이 분쟁을 판단하는 방식이다. 중재의 가장 큰 장점은 비공개 진행, 절차의 간결함, 판단의 신속성이다. 법정 소송처럼 공개되지 않기 때문에 브랜드 이미지나 크리에이터의 명예가 불필요하게 노출되는 것을 막을 수 있고, 정해진 기일에 따라 분쟁을 해결하므로 시간과 비용도 비교적 적게 든다. 콘텐츠분쟁조정위원회나 대한상사중재원 등을 통해 신청할 수 있으며, 계약서에 '분쟁 발생 시 중재로 해결한다'는 조항이 있을 경우 우선적으로 적용된다.

소송은 법원의 강제력이 수반되는 공식적인 분쟁 해결 수단이다. 중재가 불가능하거나, 계약 위반이나 손해배상처럼 이해관계가 복잡한 사안일 경우에는 소송을 통해 최종 판단을 받아야 할 수도 있다. 계약서에 중재 조항이 없거나 중재 절차가 진행되지 않은 경우에는 법원의 판단으로 분쟁을 해결하게 된다. 소송은 절차가 길고 복잡하지만 집행력 있는 판결을 받을 수 있으며, 상대방이 불응할 경우 법적 강제를 가할 수 있다는 점에서 결정적 수단이 된다.

계약서에는 종종 "분쟁 발생 시 중재기관의 판단에 따른다", 혹은 "관할 법원은 서울중앙지방법원으로 한다"는 조항이 포함되는데, 이는 추후 절차를 좌우하는 핵심 조항이므로 계약 체결 전에 검토해야 한다. 자신의 권리를 어떤 방식으로 보장받을 수 있는지 미리 이해하고 있어야 분쟁 발생 시 우왕좌왕하지 않고 체계적으로 대응할 수 있다.

▶ 요약 정리

MCN, 브랜드, 플랫폼과의 계약은 단순한 합의가 아닌 권리와 책임의 명확한 분배 구조다. 각 계약은 크리에이터의 창작 자유와 수익, 저작권, 협업 관계에 직접적 영향을 미치며, 특히 수익 배분, 계약 해지, 콘텐츠 활용 범위 등에서 분쟁이 자주 발생한다. 계약서 표현 하나에도 법적 해석이 달라질 수 있으므로, 크리에이터는 사전에 조항을 꼼꼼히 검토하고, 불명확한 부분은 전문가와 상담한 후 체결해야 한다. 문제가 발생했을 때는 내용증명을 시작으로 중재 또는 소송까지 이어질 수 있으므로, 처음부터 대응 절차를 염두에 두고 계약을 준비하는 자세가 필요하다.

▶ 용어 설명

- 표준전속계약서: 문화체육관광부가 제시한 연예인·예술인용 기본 계약서를 말함
- 수익 배분: 광고·콘텐츠 수익을 MCN, 브랜드와 나누는 기준을 의미함
- 2차 활용: 광고 콘텐츠를 다른 플랫폼이나 목적에 재사용하는 것을 뜻함
- 경쟁사 금지 조항: 계약 기간 내 경쟁 브랜드와의 협업을 금지하는 규정을 말함
- 내용증명: 법적 분쟁 예방을 위해 공식적으로 발송하는 문서 형식의 통보 수단임

▶ 토론 문제

MCN 또는 브랜드와의 계약에서 크리에이터가 반드시 협상하거나 검토해야 할 핵심 조항은 무엇인지 토론해보자.

▶ 과제 예시

MCN, 브랜드, 플랫폼 중 하나를 선택해서 계약서 또는 약관의 핵심 조항을 분석하고, 분쟁이 생길 수 있는 위험 요소를 사례 중심으로 정리해보자.

▶ 계약 리스크 점검을 위한 체크리스트

- MCN 계약에서 수익 배분 방식과 해지 시 위약금 조건을 확인할 것
- 브랜드 광고 계약에서 콘텐츠의 수정 권한과 2차 활용 범위를 점검할 것
- 플랫폼 약관에서 콘텐츠의 소유권과 사용권 그리고 삭제 정책을 꼼꼼히 검토할 것
- 분쟁 발생 시 대응 절차(내용증명, 중재, 소송) 조항을 확인할 것
- 계약서에 포함된 법적 용어와 문구의 의미를 정확하게 이해한 후 체결할 것

VII. 오래가는 크리에이터의 전략과 마인드셋

17.

크리에이터 전략,
무엇이 다르고 왜 통하는가

세 가지 전략, 세 가지 성장

성공한 크리에이터는 무엇이 다를까? 기술의 격차도, 초기 진입 시기도 아닐 때, 그 차이를 만들어내는 핵심은 바로 전략의 구조에 있다.

첫 번째 유형은 기획형 브랜딩 전략이다. 이 유형은 콘텐츠의 형식과 내러티브, 시각언어까지 정교하게 설계해 크리에이터 자신을 하나의 브랜드로 구축하는 전략을 따른다. 대표 사례인 레오제이는 뷰티라는 장르 안에서 단순한 제품 사용기나 튜토리얼을 넘어, 감정 기반 소통과 커뮤니티 연계를 강화하며 브랜드와의 협업은 물론, 오프라인 팝업 스토어까지 자신의 IP로 연결해냈다. 이는 단순한 영향력의 크기뿐만 아니라 콘텐츠 기획과 실행의 전문성, 시장과의 접점 설계 능력이 결합한 결과다.

두 번째 유형은 정체성 기반의 확장 전략이다. 혼자 여행하며 자신만의 시선으로 이야기를 만드는 빠니보틀, 그리고 현지 문화를 유쾌한 시선으로 조명하는 곽튜브는 각기 독립적인 채널을 운영하면서도, 함께 협업 콘텐츠를 제작하고 브랜드 캠페인에 동반 출연하는 등 개별 캐릭터의 자율성과 공동 브랜드의 시너지를 병행해왔다. 이들은 콘텐츠 생산자로서 역할뿐 아니라, 팬덤 커뮤니티의 감정적 연결 구조를 전략적으로 활용함으로써 단발성 유행을 넘어서 장기적 지지를 끌어내는 데 성공했다. 특히 곽튜브는 최근 직원들과 함께 회사를 운영하며 내부 운영 구조까지 점차 확장해가는 중이며, 이는 1인 크리에이터의 다음 단계 진화로 주목할 만하다.

세 번째 유형은 정보 기반 전문 콘텐츠 전략이다. 트립콤파니는 각 여행지의 정보를 백과사전식으로 구조화하고 축적하는 콘텐츠로 차별화를 꾀했다. 그의 콘텐츠는 객관적이고 검증된 정보 전달에 집중함으로써 콘텐츠의 수명을 연장하고, 검색 기반 유입을 극대화한다. 이러한 콘텐츠는 지속적인 검색성과 신뢰를 기반으로 성과를 창출하며, 향후 관광청·지자체와의 협업, 데이터 기반 출판 및 서비스화 등 다양한 확장 가능성을 내포하고 있다.

이 세 가지 유형은 서로 다른 접근 방식을 택했지만, 각자의 방식으로 성공을 구조화해냈다는 공통점이 있다. 각 전략이 어떻게 구조화되어 있고, 왜 그것이 작동했는가를 해석해보자. 전략 유형의 비교 분석은 실무자에게는 협업 대상의 이해를, 예비 크리에이터에게는 자신의 전략적 지향점을 설정하는 데 중요한 출발점이 될 것이다.

기획으로 브랜드를 만든다는 것 – 레오제이

크리에이터가 자신의 채널을 하나의 브랜드처럼 기획하고 운영한다는 것은, 단순히 꾸준한 콘텐츠 제작을 넘어 콘텐츠의 형식과 내러티브, 시각언어까지 정교하게 설계하는 전략을 의미한다. 이른바 '기획형 브랜딩 전략'이다. 이 전략을 따르는 크리에이터는 영상 하

(그림 8) '레오제이' 채널 메인

나하나를 단편 콘텐츠로 소비되게 두지 않고, 채널 전체를 하나의 서사 구조로 엮어낸다. 그 안에는 말투, 자막, 조명, 속도, 편집 스타일까지 모두 포함된다. 팬들은 단지 콘텐츠를 시청하는 것이 아니라, 그 채널 속 세계관에 머무른다.

레오제이는 이러한 전략의 대표적인 사례이다. 그는 뷰티라는 장르 안에서 단순한 제품 리뷰나 튜토리얼을 넘어, 자신의 감정과 경험을 담은 내러티브로 콘텐츠를 재구성했다. 시청자들은 '어떤 화장을 하는가'보다 '왜 그런 화장을 하게 되었는가'에 주목했고, 콘텐츠는 점점 더 감정과 연결된 이야기로 변화했다. 정보와 기능 중심의 영상에서 감정 기반 소통으로의 전환은, 크리에이터 개인을 브랜드로 인식하게 만드는 중요한 전환점이다.

영상의 구성 또한 전략적이다. 레오제이는 유쾌하면서도 친근한 말투로 시청자에게 말을 걸고, 빠르지만 정확한 속도로 정보를 전달한다. 자막은 핵심 키워드를 중심으로 가독성 있게 배치하며, 조명과 색감은 피부 표현과 제품 색상을 정확하게 보여주는 데 최적화되어 있다. 특히 메이크업 콘텐츠의 특성상, 영상마다 밝고 화사한 톤이 필요한지 혹은 어둡고 시네마틱한 무드가 어울리는지를 세밀하게 판단한 뒤, 그에 맞게 조명과 색보정 스타일을 조정하는 점도 돋보인다. 이는 단지 영상미를 위한 선택이 아니라, 콘텐츠 주제와 감정선을 시각적으로 일치시키는 기획의 연장선이다. 영상의 톤과 스타일은 언제나 일관되며, 이는 채널 전반의 브랜드 정체성을 형성하는 중요한 요소다.

이러한 기획력은 콘텐츠뿐 아니라 운영 방식에서도 나타난다. 레오제이는 비정기적인 업로드를 지양하고, 주 1회 또는 2주 1회 수준으로 꾸준한 리듬을 유지한다. 커뮤니티 게시물, 라이브 방송 등 다양한 방식으로 팬과의 접점을 만들고, 댓글과 피드백을 다음 콘텐츠에 적극 반영한다. 콘텐츠가 일방적인 전달이 아니라, 시청자와 함께 만드는 설계물이 되는 셈이다.

수익 구조도 이 전략과 맞물려 있다. 그는 유튜브 광고 수익에만 의존하지 않는다. 브랜드 협업, 앰버서더 활동, 자체 제품 출시 등으로 수익원을 다각화하며, 특히 제품 리뷰 콘텐츠에는 '광고 X'라는 표기를 통해 상업적 이해에서 벗어난 신뢰 기반 추천임을 강조한다. 이러한 투명성은 콘텐츠의 전문성과 신뢰도를 높이고, 팬과의 관계를 더욱 견고하게 만든다.

이러한 전략은 오프라인에서도 확장된다. 레오제이는 온라인 채널에서 쌓은 큐레이터적 신뢰를 바탕으로, 서울 성수동에 '레오제이 셀렉트 스토어'를 열었다. 이 공간은 단순한 제품 판매 공간이 아니라, 레오제이의 취향과 기준을 반영한 브랜드 큐레이션의 장이었다. 직접 셀렉트한 20여 개 브랜드 제품을 전시하고, 라이브 커머스와 팬 이벤트, 도슨트 투어까지 결합해 크리에이터 브랜드의 오프라인 경험을 실현했다. 3주간 운영된 이 팝업 스토어는 4만 명 이상의 방문객을 끌어모으며, 콘텐츠와 공간이 결합한 브랜드 전략의 성공 가능성을 입증했다.

레오제이의 시대는 크리에이터가 콘텐츠를 넘어 브랜드로 성장하는 과정을 보여준다. 이는 단순한 영향력의 크기보다 콘텐츠 기획과 실행의 전문성, 팬과 시장을 연결하는 접점 설계 능력이 얼마나 중요한지를 말해준다. 결국 크리에이터는 더 이상 영상만 만드는 존재가 아니라, 하나의 브랜드를 설계하고 운영하는 기획자이자 전략가다. 그리고 그 전략은 콘텐츠의 시작점에서 오프라인 경험의 끝점까지 이어진다.

사람이 콘텐츠가 되는 전략 - 빠니보틀, 곽튜브

크리에이터 산업의 어떤 크리에이터는 영상에서 다루는 소재보다, 그 사람이 보여주는 태도와 반응, 말투와 감정이 더 강하게 각인된다. 팬들은 영상의 퀄리티나 구성이 아니라, "그 사람이니까 본다"고 말한다. 그것이 바로 '사람이 콘텐츠가 되는 전략'이다.

    빠니보틀이 대표적인 사례다. 그는 여행지에서 겪는 일들을 비교적 담담하게 보여주는 듯하지만, 영상 안에는 뚜렷한 태도와 입장이 담겨 있다. 채널 초기 인도, 이집트 여행 콘텐츠에서 그는 불합리한 요금 요구나 현지 상인의 무례함에 화를 내고 따진다. 겉으로는 조용해 보여도, 부당한 상황에서는 확실하게 말하는 태도. 그건 단순한 분노가 아니라, 불편한 현실을 회피하지 않겠다는 메시지였다. 시청자들은 그런 그의 태도에 통쾌함을 느끼고, 그가 하는

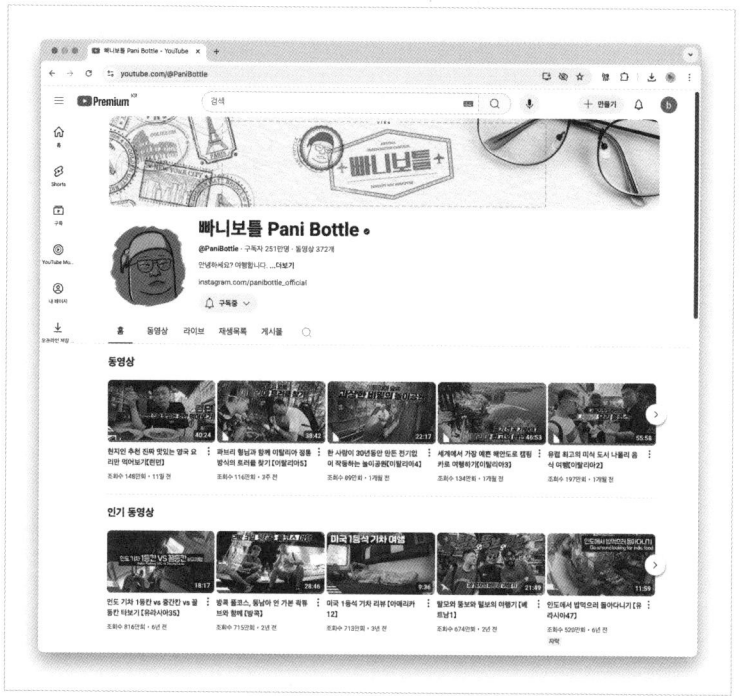

〈그림 9〉 '빠니보틀' 채널 메인

말에 공감했다. 이후 채널이 성장한 뒤에도, 빠니보틀은 그 중심을 놓치지 않았다. 크고 작은 상황 속에서 자신의 윤리적 기준을 지키며 반응하는 모습은 팬들에게 신뢰감을 준다.

이러한 콘텐츠는 '관찰형'이나 '감성 여행' 같은 장르 구분만으로는 설명되지 않는다. 빠니보틀의 영상은 목적지가 중심이 아니다. 카메라 앞에 선 사람이 그 세계를 어떻게 느끼고, 어떤 방식으

〈그림 10〉 '곽튜브' 채널 메인

로 받아들이는지를 따라가는 여정에 가깝다. 특정 장르보다 더 중요한 것은 그의 일관된 태도다. 빠니보틀이라는 사람이 콘텐츠의 중심이자 해석의 주체가 되는 구조. 이게 바로 그 채널의 브랜딩 방식이다.

곽튜브는 완전히 다른 스타일로 이 전략을 실현하고 있다. 원래 외교부에서 일하던 그는 빠니보틀과의 인연을 계기로 유튜브 세계에 들어왔다. 처음에는 다소 어색했지만, 특유의 유쾌한 말투와 빠른 친화력으로 금세 대중의 눈길을 끌었다. 곽튜브는 여행지에서 낯선 문화를 마주할 때도 무겁지 않게 풀어낸다. 현지인에게 친근하게 다가가고, 예상치 못한 상황에선 농담을 던지며, 촬영 도중에도 시청자와 수다를 나누는 듯한 태도는 그만의 매력이다.

특히 그는 유튜브를 넘어서 방송 프로그램으로 활동을 확장하며, 부모님 세대와도 접점을 넓히고 있다. 중장년층에게 긍정적인 인상을 남긴 그는 이제 레거시 미디어와도 자연스럽게 어우러지는 인물로 변화 중이다. 외교부 출신이라는 배경과 유쾌한 콘텐츠 스타일, 그리고 방송 친화적인 태도가 어우러지며, '브랜드가 된 사람'이라는 표현이 어울리는 크리에이터로 성장했다.

빠니보틀과 곽튜브는 서로 다른 결을 가진 인물이지만, 함께 등장했을 때 더욱 흥미로운 조합을 보여준다. 이들은 공동 채널을 운영하지 않지만, 여행 콘텐츠에 함께 출연하거나 브랜드 캠페인에 동반 섭외되는 일이 잦다. 빠니보틀이 다소 차분한 톤으로 상황을 설명할 때, 곽튜브는 유쾌한 반응으로 분위기를 이끈다. 시청자들은 두 사람의 케미를 즐기고, 브랜드는 이 대비되는 캐릭터를 함께 묶어 더 넓은 감정 스펙트럼을 설계할 수 있다. 두 사람의 협업 자체가 하나의 콘텐츠 포맷이 되는 셈이다.

이 전략의 핵심은 캐릭터가 행동의 일관성과 감정의 진정성으로 확장되는 구조에 있다. 사람이 콘텐츠가 되는 전략은, 삶의 태도를 콘텐츠로 번역하는 방식이다.

그리고 이 전략은 유행이 바뀌어도 흔들리지 않는다. 플랫폼이 바뀌고 영상 형식이 달라져도, 사람 자체에 끌리는 구조는 유지되기 때문이다. 빠니보틀과 곽튜브는 그 점에서, 단지 캐릭터가 강한 크리에이터가 아니라, 캐릭터를 기반으로 콘텐츠와 브랜드를 함께 성장시켜온 인물이라 할 수 있다.

정보로 신뢰를 만든 채널 – 트립콤파니

크리에이터 산업이 감정과 공감 중심으로 흘러가는 시대에도, 정보를 중심으로 콘텐츠를 설계해 성장한 사례는 분명 존재한다. 트립콤파니는 정확하고 실용적인 여행 정보를 체계적으로 아카이빙하며 채널을 운영해왔다. 이 채널은 정보 기반 콘텐츠 전략의 대표적인 사례로 주목할 만하다.

트립콤파니의 영상에는 목적지까지 가는 교통편, 예상 비용, 추천 일정, 주의 사항 등의 정보가 체계적으로 정리돼 있다. 말투는 절제되어 있고, 과한 리액션 없이 사실에 기반한 설명이 중심을 이룬다. 풍경보다는 구조, 감정보다는 정보를 강조하는 콘텐츠 구

〈그림 11〉 '트립콤파니' 채널 메인

조다. 시리즈 형태로 이어지는 영상들을 따라가다 보면 지역 백과사전 같은 콘텐츠 체계가 완성된다.

그의 콘텐츠는 검색 유입에 최적화되어 있다. 시청자들은 특정 지역을 여행하려 할 때 구글이나 유튜브에서 검색을 하고, 트립콤파니의 영상을 발견한다. 이 콘텐츠는 처음 게시 시점과 관계없이 장기적으로 조회되며, 반복해서 찾아보는 대상이 된다. 정보 콘텐츠는 '필요할 때 꺼내 보는 도구'로 기능한다. 콘텐츠는 하나의 사건이 아니라, 쌓여가는 아카이브로 진화한다.

편집 방식도 콘텐츠 전략에 맞게 설계되어 있다. 자막과 시각자료를 깔끔하게 정리해놓았으며, 과도한 배경음악이나 시각적 장치는 사용하지 않는다. 콘텐츠의 중심은 크리에이터 본인의 감정이 아니라, 정확하게 정리된 정보와 현장 경험에 기반한 조언이다. 시청자는 마치 가이드를 받듯이 정보를 따라간다. 관련된 도시나 국가 정보를 자연스럽게 이어서 소비하는 경험도 이 채널의 강점이다.

이러한 전략은 협업에서도 차별화된 가치를 만든다. 트립콤파니는 관광청, 지역 콘텐츠 기관, 공공기관과의 협업에서 과장되지 않고, 정확하고 반복 활용 가능한 정보 콘텐츠를 제공할 수 있는 파트너로 평가받는다. 향후에는 단순한 영상 콘텐츠를 넘어 출판, 데이터 연계, 로컬 정보 플랫폼 등으로도 확장 가능성이 높은 구조다.

정보 기반 콘텐츠 전략은 팬덤을 만들기 어렵고, 감정적 몰입도도 낮은 편이다. 그러나 그 대신 콘텐츠 하나하나가 오래 살아남고, 반복 소비되며, 쌓일수록 자산이 되는 구조를 만들어낸다. 트립콤파니는 크리에이터가 감정이나 재미 중심이 아닌 정보와 구조 중심으로도 충분히 경쟁력을 만들 수 있다는 것을 보여준다. 콘텐츠를 보여주는 것이 아니라, 찾아보는 것으로 설계한 전략의 힘이 여기서 드러난다.

▶ 요약 정리

크리에이터의 성공은 단순한 콘텐츠 양산이 아니라 전략의 방향성과 구조에 달려 있다. 기획형 브랜딩 전략은 콘텐츠 전체를 브랜드처럼 설계해 정체성을 강화하고, 정체성 기반 확장 전략은 캐릭터와 태도를 중심으로 팬덤의 신뢰를 구축한다. 정보 기반 콘텐츠 전략은 정확한 정보를 체계적으로 축적해 검색성과 활용도를 높인다. 이처럼 각기 다른 전략은 콘텐츠의 자산화, 팬과의 관계, 브랜드 협업 방식에서 서로 다른 성장 경로를 만들어낸다.

▶ 용어 설명

- 기획형 브랜딩 전략: 콘텐츠의 형식, 메시지, 비주얼을 통합적으로 설계해 채널 전체를 브랜드화하는 전략을 말함
- 정체성 기반 확장 전략: 크리에이터 본인의 태도, 감정, 캐릭터를 콘텐츠 중심에 두고 팬과의 관계를 구축하는 전략을 뜻함
- 정보 기반 콘텐츠 전략: 여행, 제품, 일상 등 특정 분야의 정보를 구조화해 축적하고 검색 기반 성장을 도모하는 전략을 의미함

▶ 토론 문제

- 크리에이터가 자신의 정체성을 이해하고 전략을 구조화하지 않으면 어떤 문제가 발생할 수 있는가?
- 기획형, 인물 중심, 정보 중심 전략 중 브랜드 파트너십에 가장 적합한

전략은 어떤 것이며, 그 이유는 무엇인가?
- 세 가지 전략은 모두 유효한 방식이지만, 채널이 커졌을 때 발생할 수 있는 각 전략별 리스크는 무엇인가?

▶ 과제 예시

유튜브 또는 인스타그램에서 자신이 분석하고 싶은 크리에이터 1명을 선택하고, 해당 채널의 전략 유형을 분류한 뒤 그 특징과 성장 요인을 정리해보자.

▶ 크리에이터 전략 분석을 위한 체크리스트

- 콘텐츠 형식과 시각 요소가 전략적으로 기획되어 있는지 점검할 것
- 크리에이터의 감정 표현이나 태도가 콘텐츠에 일관되게 반영되어 있는지 확인할 것
- 정보 기반 콘텐츠일 경우, 검색성, 반복 소비 가능성, 구조화 정도를 분석할 것
- 팬덤과의 관계 형성 방식이 감정 중심인지, 정보 중심인지 구분할 것
- 브랜드 협업 방식이 단발성인지, 전략적으로 연결되어 있는지 자세히 살펴볼 것

18.

커리어 전환,
언젠가 맞닥뜨릴
다음 단계

전업 크리에이터에서 비즈니스 오너로

크리에이터가 어느 시점에 이르면, 콘텐츠만으로는 설명할 수 없는 새로운 고민과 마주하게 된다. "어떻게 하면 이 일을 오래 지속할 수 있을까?" "플랫폼 환경이 바뀌거나 콘텐츠 반응이 줄어들면 나는 어떻게 대응해야 할까?" "내가 만든 이 브랜드는 영상 밖에서도 존재할 수 있을까?"라는 질문들은 단지 미래에 대한 불안을 넘어, 지금까지의 방식이 더는 유효하지 않을 수도 있다는 현실적인 자각에서 비롯된다.

이제는 채널을 어떻게 안정적으로 유지할지, 예상치 못한 변화에 어떻게 대비할지, 나아가 콘텐츠를 넘어서 어떤 방식으로 커리어를 확장할 수 있을지를 고민해야 한다.

이러한 커리어 전환은 단순히 수익을 늘리는 문제가 아니다. 유행이 빨리 바뀌고 플랫폼 정책이 불투명한 구조 속에서 크리에이터가 오래 살아남기 위해서는 수익의 구조, 콘텐츠의 방향, 크리에이터로서 정체성까지 다시 설계하는 전략적 사고가 필요하다. 더불어 콘텐츠 반응이 정체하거나 피로감이 누적될 때 겪는 슬럼프와 저성장 구간을 어떻게 견디고 넘어설 것인가에 대한 대책을 세워 지속 가능성을 생각해야 한다.

그다음 단계에서야 크리에이터는 콘텐츠 자산을 바탕으로 브랜드를 만들거나 제품을 기획하고, 자신만의 팀을 꾸리며 비즈니스 오너로 전환할 수 있다. 이때 중요한 것은 콘텐츠 세계관과 비즈니스 구조가 얼마나 유기적으로 연결되어 있는가이다. 브랜드든 조직이든 크리에이터의 철학과 일관된 메시지를 전달할 수 없다면, 외형적 확장은 오히려 정체성의 혼란으로 이어질 수 있다.

마지막으로, 크리에이터는 점차 콘텐츠 제작자라는 정체성을 넘어서 강연자, 기획자, 저자, 조직 구성원 등 다양한 역할로 커리어를 전환하게 된다. 콘텐츠를 기반으로 한 전문가, 브랜드의 파트너, 혹은 새로운 조직의 공동 창업자로까지 이동하는 경로가 열려 있다. 중요한 것은 이런 전환을 '은퇴'나 '도피'가 아니라, 자기 세계를 다른 언어로 확장하는 방식으로 설계해야 한다는 점이다.

이 장은 이러한 커리어 전환을 네 가지 전략으로 정리한다. 첫째, 플랫폼 수익에 의존하지 않고 채널 다변화와 D2C 모델 등 자율적인 유통 구조를 설계하는 전략. 둘째, 크리에이터라면 누구나 겪는 슬럼프와 저성장 구간을 어떻게 극복할 것인가에 대한 실질적인 방법. 셋째, 콘텐츠 자산을 바탕으로 브랜드를 론칭하거나 제품을 기획하고, 팀을 조직하며 비즈니스 오너로 전환하는 방식. 넷째, 콘텐츠 제작자라는 정체성을 넘어서 강사나 기획자, 저자, 조직 구성원 등 다양한 역할로 커리어를 확장하는 전략이다.

콘텐츠 산업은 빠르게 바뀌고, 유행은 반복되며, 플랫폼은 언제든 새로운 규칙을 만든다. 크리에이터가 이 변화 속에서 오래 살아남기 위해 필요한 것은 콘텐츠 기술이 아니라, 콘텐츠 이후를 설계할 수 있는 전략적 마인드셋이다.

플랫폼 수익 의존 탈피 전략

많은 크리에이터가 콘텐츠 제작을 직업으로 삼으면서 가장 먼저 부덮이는 현실은 플랫폼 수익의 불안정성이다.

이 문제를 해결하는 가장 직접적인 방법은 수익원을 분산하고, 플랫폼 밖으로 유통 구조를 확장하는 것이다. 많은 크리에이터가 세컨드 채널을 만들거나, 쇼츠·릴스 등으로 클립을 재편집하는 방식으로 채널을 다변화하는 것도 이 전략의 일부다. 메인 채널이 급격히 침체되더라도, 다른 플랫폼이나 포맷을 통해 최소한의 유입을 유지할 수 있게 하는 구조다. 하지만 이런 다채널 전략만으로는 구조적 전환이라 보기 어렵다. 진짜 중요한 건 '내 콘텐츠를 어디서 팔 것인가'를 스스로 결정할 수 있는 구조를 갖추는 것이다.

이 지점에서 등장하는 개념이 바로 D2C(Direct to Consumer) 모델이다. 크리에이터가 직접 자신의 콘텐츠나 상품을 유통하는 구조를 설계하는 방식이다. 이는 단순히 굿즈를 판매하거나 자체 쇼핑몰을 운영하는 수준을 넘어, 팬과의 접점을 콘텐츠 외부에서 유지하고 수익을 발생시키는 구조를 설계하는 걸 의미한다. 뉴스레터, 온라인 클래스, 유료 커뮤니티, 자체 앱 또는 웹사이트 기반의 콘텐츠 구독 모델 등이 있다. 이 구조는 장기적 관계 유지와 정기적 유입에 강점이 있으며, 콘텐츠가 아닌 관계를 상품화한다는 점에서 본질적으로 다르다.

물론 D2C 전략은 진입 장벽이 존재한다. 초기 세팅 비용, 기술적 부담, 팬덤의 전환율 확보, 자체 브랜딩 설계 등 고려할 요소가 많다. 하지만 이 전략을 선택하는 크리에이터는 플랫폼 수익 변화에 덜 휘둘리고, 스스로 자신의 수익 구조를 통제할 수 있다는 점에서 중요한 전환점을 만든다. 특히 팬과의 관계가 견고한 크리에이터일수록 단순 콘텐츠보다 경험과 관계 중심의 유료 모델이 잘 작동할 수 있다. 예를 들어, 소규모 오프라인 모임이나 유료 팬클럽을 통해 유의미한 전환율을 만들 수 있으며, 정기 업데이트 뉴스레터나 유료 자료 제공 형태로 확장할 수 있다.

플랫폼은 유통의 도구일 뿐 수익의 목적지가 될 수는 없다. "내 채널은 어디에 있고, 누구에게 닿고 있으며, 수익은 어디서 나는가"라는 질문에 답할 수 있을 때, 크리에이터는 수익의 주도권을 되찾기 시작한다.

플랫폼이 바뀌어도 살아남는 크리에이터는 결국 플랫폼 바깥을 상상하고 준비해둔 사람들이다.

슬럼프, 저성장 구간 극복 전략

성장은 직선이 아니다. 크리에이터는 채널이 주목받기 시작한 이후에도 반복적으로 정체의 순간과 마주한다. 영상 반응이 이전보다 낮아지고, 구독자 증가 속도가 느려지며, 조회수 예측이 어려워질

때, 크리에이터는 본능적으로 "무언가 잘못되고 있다"는 감각을 느낀다. 이때 겪는 정서적·창작적 위기를 흔히 '슬럼프'라고 부르지만, 실제로는 복합적인 구조적 현상일 때가 많다.

슬럼프의 시작은 종종 성과와 기대의 간극에서 비롯된다. 일정 수준 이상의 반응을 받아본 크리에이터는 스스로 만든 '기준'에 갇히게 되고, 그 기준에 미치지 못할 때 불안과 조급함이 커진다. 이 시점에서 많은 크리에이터는 알고리즘 탓을 하거나, 콘텐츠의 포맷을 무리하게 바꾸려 하거나, 과도한 자기 검열에 빠지기도 한다. 하지만 진짜 위험은 '반응이 안 좋다'는 사실이 아니라, 그것에 대한 내적 해석과 반응이 콘텐츠 제작의 흐름을 망가뜨릴 때 발생한다.

슬럼프는 피할 수 없는 구간이다. 중요한 것은 슬럼프를 어떻게 받아들이고, 어떤 방식으로 통과하느냐다. 첫 번째 전략은 주기적 리듬 점검이다. 많은 크리에이터가 초반에는 일주일에 몇 편씩 영상을 올리며 속도전에 몰입하지만, 일정 시점 이후에는 콘텐츠의 질보다 양이 우선되는 악순환 구조에 빠지기 쉽다. 이때는 장기 생존 가능성을 중심으로 제작 주기, 콘텐츠 분량, 포맷 구성 등을 재설계해야 한다. 속도를 늦추는 것이 후퇴가 아니라, 회복과 전환을 위한 정비 단계임을 받아들여야 한다.

두 번째는 포맷과 주제의 실험을 허용하는 것이다. 지금까지 쌓아온 채널 이미지나 팬의 기대가 크리에이터 자신을 가두는 틀이 되지 않도록, 소규모 테스트 콘텐츠나 세컨드 채널 등을 통해 새로운 실험을 해본다.

세 번째는 숫자 중심에서 이야기 중심으로의 관점 전환이다. 콘텐츠를 조회수, 노출 수, 전환율 등으로만 평가하는 순간, 크리에이터는 '잘되는 콘텐츠'가 아니라 '반응이 있는 콘텐츠'를 반복하게 되고, 그 결과 자신만의 세계관이나 메시지는 점점 희미해진다. 저성장 구간일수록 콘텐츠의 '이야기성'을 회복하는 것이 중요하다. 조회수는 떨어져도 기억에 남는 콘텐츠가 있고, 단기 성과는 낮지만 팬의 신뢰를 높이는 콘텐츠가 있다. 숫자는 측정 가능한 가치지만, 창작 동기의 본질은 측정 불가능한 영역에 존재한다.

마지막으로, 슬럼프는 공유하고 소통하는 리듬 안에서 회복되어야 한다. 팬들과 '과정'을 함께 공유하거나, 창작의 고민을 자연스럽게 나누는 콘텐츠 포맷을 시도할 수도 있다. 요즘은 창작자의 리얼한 고민 자체가 콘텐츠가 되기도 한다. 크리에이터가 스스로의 인간적인 모습을 숨기지 않고, 창작의 불안과 회복을 함께 이야기할 때, 팬은 단순한 구독자가 아니라 함께 시간을 견디는 동반자가 된다.

슬럼프는 크리에이터에게 전환점이 되는 시기다. 콘텐츠 구조를 재정비하거나, 창작의 이유를 되돌아보거나, 새로운 가능성을 실험하는 시기로 만들어보자.

브랜드와 조직으로 확장하는 전략

크리에이터가 축적한 자산은 단순히 콘텐츠로 소비되는 것을 넘어서, 브랜드로 구조화할 수 있는 가능성을 갖는다.

크리에이터의 브랜드 론칭은 '제품을 만든다'는 선언이 아니라, 크리에이터가 구축한 콘텐츠 정체성을 실물화·구조화하는 전략적 전환점이다. 예를 들어, 뷰티 크리에이터가 자신의 취향과 사용 경험을 바탕으로 색조 브랜드를 출시하거나, 푸드 크리에이터가 자신만의 레시피와 세계관을 담은 밀키트를 선보이는 방식은 단순한 협찬이나 굿즈를 넘어 IP 기반 브랜드 설계로 해석할 수 있다. 이때 중요한 건 제품의 수익성이 아니라, 세계관과 브랜드 메시지의 일관성이다. 팬은 제품보다도 '이 사람의 철학이 담긴 무언가'를 경험하길 원한다.

조직화 또한 중요한 전환 중 하나다. 혼자서 모든 콘텐츠를 만들던 크리에이터가 점차 편집자, 디자이너, 마케터, 매니저와 함께 일하기 시작할 때, '작은 팀'으로의 전환이 이뤄진다. 이 과정에서 크리에이터는 디렉터이자 기획자, 리더이자 의사 결정자가 되어야 한다.

조직은 콘텐츠의 볼륨을 키우는 도구가 아니라, 크리에이터가 지닌 세계관을 확장 가능한 형태로 안정화하는 운영 시스템이어야 한다. 크리에이터가 팀을 꾸리면서 겪는 가장 큰 어려움은 바로 '나의 언어'를 타인에게 설명하고, 유지하며, 때로는 위임하는 일이기 때문이다.

비즈니스 전환을 고민하는 크리에이터가 조직의 일원으로 합류하거나 공동 창업자로 전환하는 경우도 있다. MCN, 브랜드 인큐베이터, 콘텐츠 스타트업, 기관 등에서 콘텐츠 운영 경험을 조직 내 기획력으로 연결하려는 흐름이 늘고 있다. 예를 들어, 크리에이터 '도티'는 MCN인 샌드박스네트워크를 공동 창업하며, 콘텐츠 제작 경험을 기반으로 기업 경영과 인재 양성의 역할까지 확장해냈다. 이 과정에서 크리에이터는 '콘텐츠 전문가' '문화 기획자' '인사이트 보유자'로서 포지셔닝되며, 새로운 커리어 곡선을 만들어나간다.

다만 주의할 점은 이 모든 확장이 콘텐츠의 본질과 분리되어 있을 경우 '브랜드는 있지만 메시지가 없는' 상태에 빠지기 쉽다는 것이다. 이 채널이 지속적으로 보여주었던 정서와 태도를 그대로 유지해야 한다. 콘텐츠와 브랜드, 채널과 제품, 창작자와 조직의 관계가 단절이 아니라 유기적 연결로 설계되어야만 외형적 확장이 내면의 정체성과 충돌하지 않는다.

브랜드는 결국 하나의 언어다. 크리에이터가 자신만의 언어를 오랫동안 축적해왔다면, 그것은 어느 시점부터 '상품화'가 아니라 '확장'이라는 이름으로 번역될 수 있다. 브랜드와 조직화는 크리에이터의 영향력을 지속 가능하게 만들기 위한 가장 구조적인 전략이며, 동시에 가장 섬세한 설계가 필요한 영역이다.

콘텐츠 다변화를 통한 커리어 확장 전략

크리에이터는 더 이상 콘텐츠 안에만 머물지 않는다. 오랫동안 콘텐츠를 제작해온 크리에이터일수록 자신만의 세계관과 화법, 사례, 인사이트를 갖추고 있기 때문에 다양한 포맷의 콘텐츠로 정체성을 구축할 기회가 열려 있다. 대표적인 예로는 강의와 특강 활동이 있다. 크리에이터는 자신의 경험을 바탕으로 실무 중심 강의를 설계하거나, 플랫폼 생태계 또는 브랜드 협업 사례를 주제로 강연 활동을 할 수 있다. 이 과정에서 자신의 콘텐츠를 교육 콘텐츠로 재구성하거나, 강의안을 출간물로 연결하는 등 지식 콘텐츠의 확장도 가능하다.

출판 역시 중요한 확장 전략 중 하나다. 콘텐츠를 통해 이미 자신의 관점과 언어를 축적해온 크리에이터에게 책은 기존 콘텐츠의 서사적 확장판이 될 수 있다. 특히 유튜브나 SNS 중심의 콘텐츠는 단편적이거나 일상적이기 쉬운데, 책이라는 매체는 이를 장기적 구조로 재편하고, 자기 서사의 기획력과 응축력을 드러내는 도구가 된다. 출판은 강연·자문·인터뷰 등으로의 확장을 촉진시키는 동시에, 크리에이터의 정체성을 보다 공고히 하는 데에도 기여한다.

다만, 이러한 커리어 전환이 모두 긍정적인 방식으로 이루어지는 것만은 아니다. 현실적으로는 강의 활동을 목적으로 삼아 처음부터 콘텐츠보다 사업적 목표에 집중하거나, 외형만 갖춘 채 채널을 운영하며 매출 중심의 다단계식 강의 판매 구조를 형성하는 사례도 존재한다. 출판 역시 콘텐츠의 축적보다 강의와 사업 홍보를 위한 수단으로 기획되는 경우가 늘고 있다. 이는 단기적으로는 성장처럼 보일 수 있지만, 장기적으로는 크리에이터의 진정성과 신뢰도를 훼손할 수 있다. 크리에이터가 자신의 콘텐츠 기반을 충분히 쌓고, 이를 토대로 외연을 확장하려는 노력이 전제되어야만 건강한 커리어 전환이 가능하다.

▶ 요약 정리

크리에이터는 결국 콘텐츠를 넘어서는 시점에 도달하게 된다. 플랫폼 수익 의존도를 줄이고, 슬럼프와 저성장을 극복하며, 브랜드와 팀을 구축하고, 콘텐츠 밖에서의 활동을 확장해나가는 것은 모두 지속 가능한 커리어를 위한 전략적 전환이다. 중요한 것은 단지 외형적인 확장이 아니라, 자신만의 정체성을 기반으로 한 유기적 성장이어야 하며, 콘텐츠 이후를 어떻게 설계할 것인지에 대한 마인드셋이 핵심이다.

▶ 용어 설명

- 플랫폼 수익 의존 탈피 전략: 알고리즘 기반의 수익 구조에서 벗어나 D2C(직접 유통), 다채널 운영 등 자율적인 수익 설계를 추진하는 전략
- 슬럼프 관리 전략: 성과 정체나 창작 피로 구간에서 창작 리듬을 재조정하고, 콘텐츠 구조를 실험적으로 재설계하는 접근 방식
- IP 기반 브랜드 확장: 크리에이터가 자신의 콘텐츠 세계관을 바탕으로 제품, 브랜드, 조직 등 외형 자산으로 전환하는 전략
- 조직화 전략: 개인 창작자가 팀 또는 공동 운영 구조로 전환하며, 콘텐츠를 운영 체계로 확장하는 과정
- 콘텐츠 밖 커리어 확장: 강의, 출판, 자문, 기획 등 콘텐츠 외부에서 크리에이터가 새롭게 수행하는 전문적 역할

▶ 토론 문제

크리에이터가 브랜드와 조직을 확장할 때, 어떤 정체성을 일관되게 유지해야 할지 토론해보자.

▶ 과제 예시

성장 정체 구간을 겪는 크리에이터를 가정하고, 채널 구조나 콘텐츠 전략, 수익 모델을 조정하는 방안을 제시해보자.

▶ 커리어 전환 전략 점검을 위한 체크리스트

- 플랫폼 수익 의존도를 줄이기 위한 대안을 설계했는지 점검할 것
- 슬럼프나 저성장 구간에 대한 대처 방식과 심리적 회복 전략을 갖추었는지 확인할 것
- 콘텐츠 자산과 세계관을 브랜드나 조직으로 유기적 확장을 할 수 있는지 검토할 것
- 외형적 확장보다 정체성과 가치 일관성이 우선하도록 구조를 설계했는지 점검할 것
- 콘텐츠 밖에서의 활동이 신뢰성과 진정성에 기반해 이루어지는지 지속적으로 확인할 것

19.

크리에이터에게
필요한 비즈니스 마인드셋

크리에이터는 1인 기업이다

크리에이터는 콘텐츠를 기획하고, 촬영과 편집을 직접 하며, 업로드 시점과 제목을 전략적으로 정하고, 댓글과 커뮤니티를 관리하고, 브랜드와의 협업을 조율하고, 세금과 정산을 챙기며, 필요하면 외주 인력을 기획하고 마케팅까지 고려한다. 이 모든 과정을 들여다보면, 크리에이터는 기획자, 제작사, 운영자, 마케터, 경영자의 역할을 동시에 수행하는 1인 기업에 가깝다.

하지만 여전히 많은 크리에이터가 스스로를 '사업자'가 아닌 '예술가'나 '직관적인 창작자'로 인식하는 경향이 있다. 콘텐츠의 퀄리티나 창의성만을 기준으로 채널의 가치를 평가하고, 비즈니스의 관점에서 자신을 돌아보는 일에는 익숙하지 않다. 그 결과, 영상은 잘 만들어졌지만 업로드 주기는 들쭉날쭉하고, 협업 기회를 놓치거나 과도한 외부 의존으로 수익의 주도권을 잃는 사례가 적지 않다. 단기적인 감각만으로는 지속 가능한 콘텐츠 구조를 설계할 수 없다. 크리에이터가 1인 기업이 되기 위해선 감각뿐 아니라 구조가 필요하다.

'1인 기업'이라는 말은 혼자 일한다는 의미가 아니다. 이 말은 크리에이터가 자신이 운영하는 채널의 비즈니스 모델, 수익 구조, 운영 리듬, 외부 협력 방식 등을 스스로 설계하고 책임지는 주체임을 뜻한다. 내 콘텐츠는 어떤 고객을 향하는가, 나의 브랜드 메시지는 무엇인가, 수익은 어떻게 발생하고 어떤 비용 구조를 갖는가, 이 채널의 핵심 역량은 무엇이고 외주화 가능한 영역은 어디까지인가. 이는 단순한 창의성이 아닌 경영자적 사고를 요구하는 질문들이다.

한편, 1인 기업이라는 개념은 책임의 범위도 확장된다는 뜻이다. 구독자 수가 늘어날수록 채널은 하나의 공적 공간이 되고, 브랜드와의 협업은 단순한 외주 계약이 아니라 공동 사업 모델이 된다. 이때 필요한 것은 정확한 계약 이해와 커뮤니케이션 감각, 정산과 운영 시스템을 들여다 보는 시야다. '내가 만드는 영상 하나가 누군가의 구매 행동을 이끌고, 브랜드의 전략을 바꾸고, 팬의 정서를 움직인다'는 점을 인식할 때, 크리에이터는 콘텐츠 이상의 영향력을 가진 존재로 성장할 수 있다.

모든 크리에이터가 법인을 설립하거나 직원을 채용할 필요는 없다. 그러나 자신의 채널과 활동을 단순한 1인 방송이 아닌 브랜드와 조직의 관점에서 바라보는 인식의 전환은 필수다.

수익, 계약, 리스크를 이해하는 창작자

많은 크리에이터가 콘텐츠 제작에 들어가는 시간과 에너지는 철저하게 계산하지만, 수익 구조나 계약 조건에 대해서는 상대적으로 둔감하게 반응한다. "좋은 기회예요" "브랜드에서 먼저 연락이 왔어요"라는 말에 흔들려 기준 없이 협업을 수락하고, 정산 기준이나 계약 기간, 저작권 조항을 제대로 확인하지 않은 채 콘텐츠를 제작하는 사례는 지금도 많다.

하지만 콘텐츠가 자산이 되고 채널이 브랜드로 성장하려면, 감정이 아닌 구조로 사고하는 태도가 선행되어야 한다. 수익, 계약, 리스크는 크리에이터 비즈니스의 핵심 언어다.

가장 먼저 고려해야 할 것은 수익 구조에 대한 이해다. 각각의 수익원이 어떤 가치 제공을 통해 발생하는지 알아야 한다. 예를 들어, 광고 수익은 조회수에 비례하지만, 브랜드 협업은 콘텐츠 기획력과 채널 정체성에 더 높은 가치를 부여한다. 콘텐츠 외주 수익은 실행력의 문제이고, D2C나 굿즈는 커뮤니티의 충성도와 연결된다. 수익은 콘텐츠의 양이 아니라 관계와 구조가 결정한다는 원칙을 이해해야 한다.

그다음으로 계약은 크리에이터가 문장 단위로 읽고, 해석하고, 협의할 수 있어야 하는 실전 도구다. 많은 크리에이터가 '신뢰하니까'라는 이유로 계약서를 자세히 읽지 않거나, 표준계약서라는 말만 믿고 구체적인 조항을 점검하지 않는다. 하지만 콘텐츠 사용 범위, 수정 요청 가능성, 콘텐츠 게시 기한, 결과물의 소유권, 해지 시 책임, 저작권 귀속 여부, 세금 포함 여부 등은 조건별 시나리오를 가정해 검토해야 한다. 협업 상대방이 대형 브랜드든, 소규모 스타트업이든, '나는 나의 기준을 갖고 계약을 읽는다'는 태도가 크리에이터의 자존감이자 사업가의 기본 자격이다.

그리고 리스크는 모든 크리에이터가 준비해야 할 불가피한 현실이다. 유튜브 알고리즘 변경, 브랜드 이슈, 콘텐츠에 대한 논란, 플랫폼 제재, 악성 루머, 법적 분쟁 등은 예상치 못한 시점에 나타난다. 이때 중요한 것은 리스크를 피하는 것이 아니라 예측하고 대응하는 설계다. 수익이 플랫폼에 편중돼 있다면 일정 비율의 외부 수익을 확보해두거나, 콘텐츠 논란 발생 시 대응할 수 있는 기준과 커뮤니케이션 방식을 미리 준비해두는 것이 필요하다. '좋은 사람'으로 보이기보다 '책임감 있는 구조'를 갖추는 것이 크리에이터의 브랜드를 보호한다.

무엇보다 중요한 것은 이런 수익과 계약, 리스크의 문제를 두려워하거나 회피하지 않고, 하나의 '콘텐츠 운영 요소'로 받아들이는 태도다. 콘텐츠는 감각으로 만들 수 있지만, 브랜드는 구조 없이 유지되지 않는다. '정산은 매니저가 알아서' '계약은 나중에' '리스크는 생기면 대응하자'는 방식은 크리에이터 비즈니스의 수명을 단축시킨다.

관계 맺기의 기술: 브랜드, MCN, 동료 크리에이터

크리에이터는 혼자 일하지만, 결코 혼자 성장하지 않는다. 관계를 잘 맺고 유지하는 크리에이터는 콘텐츠 바깥의 세계에서도 자신의 브랜드를 확장할 수 있지만, 이를 단순한 친분이나 감정에 기반해 설정한 경우, 오히려 혼란과 갈등의 원인이 되기도 한다.

브랜드와의 협업은 가장 일반적인 관계 맺기의 시작점이다. 어기서 중요한 건 브랜드가 원하는 것을 단순히 '광고'로 해석하지 않고, '콘텐츠 안에서 브랜드 메시지를 어떻게 해석할 수 있을지' 기획적으로 사고하는 능력이다.

MCN과의 관계는 오랜 기간 논쟁의 대상이었다. 많은 크리에이터가 '수익을 나눠주는 구조'에 불신을 가지고 있지만, MCN은 단순히 매니지먼트 조직이 아니라, 콘텐츠 비즈니스의 백오피스(Back Office)를 지원하는 파트너 역할을 할 수 있는 가능성을 갖고 있다. 핵심은 소속의 문제가 아니라 '구조적 협업'이라는 관점이다. 콘텐츠 운영, 브랜드 제안, 저작권 보호, 광고 영업, 세무와 법률 대응 등 다양한 영역에서 MCN이 제공할 수 있는 구조적 기여를 냉정히 분석하고, 크리에이터가 스스로 주도권을 유지한 채 계약 구조를 설계할 수 있다면, 이 관계는 상호 성장형 파트너십으로 작동할 수 있다.

동료 크리에이터와의 관계는 또 다른 성격을 가진다. 컬래버 콘텐츠나 공동 프로젝트를 기획할 때, 우리는 종종 친분에 기반한 기획의 허점을 경험한다. 함께 콘텐츠를 만들면서도 제작 기준, 편집 톤, 업로드 일정, 수익 배분 등에 대해 사전 조율이 부족하면, 단 한 번의 협업이 관계 전체를 흔드는 사례로 이어지기도 한다. 반면, 콘텐츠 방향성과 캐릭터가 잘 맞는 동료와의 협업은 채널 간의 정서적 연결을 만들어내고, 팬덤 간의 교차 반응을 유도하며, 크리에이터 스스로도 자신의 태도나 표현을 조정하게 만드는 중요한 계기로 작용한다. 중요한 건 협업 이전에 관계의 기준을 설정하고, 콘텐츠적·정서적 호흡뿐 아니라 작업 방식의 합치 여부까지 점검하는 감각이다.

결국 관계 맺기의 핵심은 '함께 콘텐츠를 만드는 것'이 아니라, '함께 기획을 설계할 수 있는가'의 문제다.

▶ 요약 정리

크리에이터는 단순한 창작자가 아니라 콘텐츠를 기반으로 수익을 창출하고, 외부와 협력하며, 리스크를 관리하는 1인 기업이다. 이를 위해 비즈니스 모델에 대한 이해, 계약과 수익 구조에 대한 감각, 예측 가능한 리스크 설계, 그리고 브랜드 및 조직과의 건강한 관계 맺기 능력이 필요하다. 감각만으로는 지속 가능성을 담보할 수 없으며, 크리에이터가 자신의 활동을 비즈니스 관점에서 구조화하는 태도가 핵심이다.

▶ 용어 설명

- 1인 기업: 크리에이터가 콘텐츠 기획, 제작, 유통, 수익 설계, 커뮤니티 관리 등 비즈니스 전 과정을 스스로 책임지는 구조
- 관계 설계 능력: 브랜드, MCN, 동료 크리에이터 등과의 협업에서 콘텐츠와 감정을 동시에 조율할 수 있는 기획적 판단력
- 리스크 관리 태도: 콘텐츠 논란, 정산 문제, 수익 구조 불안정 등 예상 가능한 위기를 사전에 구조화해 대응하는 역량
- 윤리 기준: 콘텐츠 제작과 협업, 팬과의 소통에서 창작자가 스스로 설정하고 지켜야 할 책임과 감수성의 기준

▶ 토론 문제

크리에이터가 '창작자'이자 '경영자'로서 어떤 균형을 가져야 하는지 토론해보자.

▶ **과제 예시**

최근 이슈가 되었던 크리에이터 논란 사례를 조사해, 당시의 리스크 대응 방식과 신뢰 회복 여부를 평가하고, 개선 가능한 대응 시나리오를 작성해보자.

▶ **비즈니스 마인드셋 점검을 위한 체크리스트**
- 콘텐츠 수익 구조를 분석하고 수익원별 특징과 리스크를 점검할 것
- 계약의 핵심 조항(사용 범위, 소유권, 정산 등)에 대한 검토 기준을 설정할 것
- 플랫폼, 브랜드, 외주 인력 등 외부와의 협업 구조에서 주도권 유지 방식을 점검할 것
- 리스크 발생 시 대응 계획(예: 논란 대응, 수익 분산, 커뮤니케이션 채널 확보 등)을 사전에 마련할 것
- 크리에이터의 정체성과 비즈니스 모델이 어떻게 연결되는지 인식하고 주기적으로 점검할 것

 에필로그

당신은 지금, 무엇을 만들고 있는가

이 책은 콘텐츠 산업의 구조를 설명하고, 수익의 흐름을 분석하고, 브랜드와의 협업 전략을 정리해왔다. 우리는 플랫폼의 규칙을 이해하고, 계약의 조건을 읽고, 팬과의 관계를 설계하는 법도 배웠다. 하지만 책의 마지막에 이르러 묻게 된다. 당신은 지금, 무엇을 만들고 있는가?

누구나 크리에이터가 될 수 있는 시대지만, 모두가 끝까지 살아남는 것은 아니다. 성장의 구간은 짧고, 주목의 시간은 더 짧다. 실수는 콘텐츠보다 오래 남고, 정체성은 기대보다 자주 흔들린다. 그럼에도 우리는 이 일을 계속한다. 때로는 수익보다 중요한 메시지를 담고, 조회수보다 먼저 나의 기준을 지키고, 한 번의 실패보다 더 긴 리듬으로 콘텐츠를 이어간다.

크리에이터는 단순히 영상을 만드는 사람이 아니라, 자신의 방식으로 살아가는 사람이다.

이 책이 제안한 전략은 어디까지나 설계의 언어일 뿐이다. 중요한 건 그 구조 안에 무엇을 담을 것인가이고, 그 과정을 어떤 태도로 지속할 것인가다. 기술은 공유할 수 있지만, 태도는 나만의 것이다. 전략은 베낄 수 있어도 신뢰를 따라갈 수는 없다. 결국 크리에이터의 가치는, 무엇을 만들었는가보다 무엇을 지켜냈는가에 달려 있다. 당신이 지금 만들고 있는 것이 단지 한 편의 콘텐츠가 아니라, 당신만의 기준과 정체성 그리고 하나의 세계라면, 이 책이 그 세계를 지키는 작은 나침반이 되었기를 바란다.

이 책을 함께 설계하고 세상에 내보낼 수 있도록 안내해준 이은북 황윤정 대표님에게 깊이 감사한다. 긴 시간 동안 이 여정을 응원해준 아내에게도 고마움을 전한다. 글은 혼자 쓰지만, 한 권의 책은 결코 혼자서는 완성할 수 없다. 이 책 역시 여러 사람의 신뢰와 기다림 덕분에 비로소 세상에 나올 수 있었다.

마지막 장을 넘기며 다시 한번 다짐한다. "지속 가능한 콘텐츠는 결국, 사랑과 신뢰 위에서 만들어진다."

2025년 10월, 서교동에서
권병민

누구나 시작하지만,
모두가 살아남지는 않는다.
당신은 살아남을까?

크리에이터 비즈니스 바이블

초판 1쇄 발행   2025년 11월 18일

지은이   권병민
펴낸이   황윤정
펴낸곳   이은북
출판등록   2015년 12월 14일 제2015-000363호
주소   서울 마포구 동교로12안길 16, 삼성빌딩B 4층
전화   02-338-1201
팩스   02-338-1401
이메일   book@eeuncontents.com
홈페이지   www.eeuncontents.com
인스타그램   @eeunbook

책임편집   하준현
디자인   이미경
제작영업   황세정
마케팅   이은콘텐츠
인쇄   스크린그래픽

ⓒ 권병민, 2025

ISBN 979-11-91053-53-1 (13320)

- 이은북은 이은콘텐츠주식회사의 출판브랜드입니다.
- 이 책에 실린 글과 이미지의 무단전재 및 복제를 금합니다.
- 이 책 내용의 전부 또는 일부를 재사용하려면 반드시 출판사의 동의를 받아야 합니다.
- 책값은 뒤표지에 있습니다.
- 잘못된 책은 구입하신 서점에서 바꾸어 드립니다.